너라는 별에 행복을 줄게

너라는 별에 행복을 줄게

초판 1쇄 발행 2023년 9월 8일

지은이 백인희
펴낸이 장길수
펴낸곳 지식과감성#
출 판등록 제2012-000081호

교정 김서아
디자인 서혜인
편집 서혜인
검수 이주연, 이현
마케팅 김윤길

주소 서울시 금천구 벚꽃로298 대륭포스트타워6차 1212호
전화 070-4651-3730~4
팩스 070-4325-7006
이메일 ksbookup@naver.com
홈페이지 www.knsbookup.com

ISBN 979-11-392-1290-7(03810)
값 18,000원

• 이 책의 판권은 지은이에게 있습니다.
• 이 책 내용의 전부 또는 일부를 재사용하려면 반드시 지은이의 서면 동의를 받아야 합니다.
• 잘못된 책은 구입하신 곳에서 바꾸어 드립니다.

지식과감성#
홈페이지 바로가기

너라는 별에 행복을 줄게

백인희 지음

인생 모르잖아요, 60대에 정말 하고 싶은 일이 생길지,
그때를 위해서 내 시간을 헛되게 보내지 말자구요

차례

다시, 봄   1

8　오늘, 너의 생일을 축하해
11　내 별명이 곰이라고?
　　그렇다면, 백곰으로 해
14　무천이와 죽백이
18　Are you ARMY?
23　꿈을 이룬 아미

혹독한 겨울을 맞이하는 방법   2

28　새벽 시장
32　매운맛 소보루빵
34　끝나 버린 일어 수업
37　공포의 빨간 메일과 소주 한 잔
40　안녕? 모닝, 안녕, 모닝

눈꽃 산행, 그리고 봄날   3

44　인생의 2막, 결혼, 출산, 그리고 이직
48　폐렴과의 전쟁
51　상급지 이동이 필요해

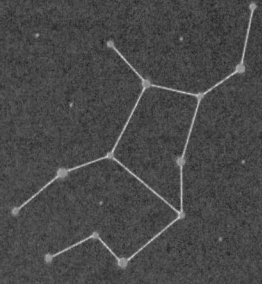

뜨거운 여름, 나를 갈아 넣은 시간   4

56   택배는 엄마를 춤추게 한다
59   엄마, 엄마, 엄마
62   나를 변화시키는 사람들
65   나의 trigger
69   일상을 살아 내는 힘

난 겨울 먼저, 겨울 봄 여름 가을   6

108   I 심은 데 I 났지만 괜찮아
114   인생 2회차 아이들
117   경력직은 다르네 달라
122   둘째가 없는 이유
125   내 책상이 항상 깨끗한 이유
127   마음의 책장을 넓혀라
130   오스카 여우 조연상 다나 엄마

가을, 가을걷이   5

74   치킨과 엥겔 지수
78   진급에서 멈추면 안 되는데
81   신이 만든 음식, 라면
84   커피는 위궤양을 남기고
86   내 마음의 보강판
89   온탕과 냉탕 사이
92   삶의 매 순간이 시험, 그리고 선택의 연속이라면
96   그래서, 하고 싶은 게 뭐야?
103   옛투컴인부산 시네마

그 계절의 기억, 추억, 행복   7

136   꽃을 선물하는 이유
138   미트파이의 기억
142   내 인생 최고의 책
        - 모리와 함께한 화요일
146   소쩍새 기사님의 산딸기
149   기념일에 선물은 없지만
152   인생은 별밤지기 사진작가님처럼

1 ──────────── 다시, 봄

오늘, 너의 생일을 축하해

2023년 6월 26일 AM 12:00

글을 쓰기 시작한 순간, 나의 39번째 생일날.

30대 중반부터 '내 글을 써서 책을 만들고 싶다. 살면서 책은 하나 남겨야 하지 않을까?'라는 생각을 했습니다. 작가가 꿈은 아닙니다. 평생 작가로 산다는 생각도 해 본 적 없어요. 단지, 버킷 리스트에 적힌 여러 가지 중 하나였죠.

그 버킷은 다이어리에 고이 묻어 두고 있다가 39세 생일날 새벽 12시, 운명적으로 첫 글자를 휴대폰의 메모 앱에 기록하게 되었습니다. 마음에 드는 노트를 사서 연필로 적어 볼까? 데스크톱이나 노트북에 작가처럼 밤을 새며 글을 적어 볼까? 그 고민만 한 달 넘게 했는데 더 이상 미루기 싫었습니다.

아이와 남편이 잠들고 난 새벽은 머리가 맑아지고 무엇인가 창조적인 활동을 하기에 좋은 시간인 것은 분명합니다. 하지만 try하지 않으면 아무 일도 일어나지 않아요.

그리고 다음 날 아침밥을 먹으며 남편에게 물었어요. 책을 내고 싶다는 말은 부끄러워서 조금 돌려서 물어봤었죠. "나 이런 책에 나오는 그림처럼 삽화 그리는 것 좀 배워 볼까? 요즘은 아이패드에 많이 그리던데?" 그러자 남편은 "회사에, 집안일에 안 피곤하니? 지금 하는 식테크도 충분해, 그림 배우려면 그림 그릴 수 있는 아이패드도, 펜도 필요하잖아?"라는 말로 1초 만에 나의 하고 싶은 마음을 다 날려 버렸죠. 시원하게 얼음물을 끼얹고 나니 정신이 번쩍 들었어요.
"아, 남편이 하지 말라고 하는 하고 싶은 나의 일! 그건 해야 하는 일이야."

김미경 강사님의 강의를 우연히 본 적이 있어요. "남편과 아내는 나의 꿈에 전혀 관심이 없다."라는 장면이 머릿속을 스치고 갔습니다. 그래서 글을 적어 보기로 했어요. 무엇인가 시작을 해야 끝이 있고 미련도 없을 것 같았습니다.

양 엄지손가락으로 폰의 메모 앱에 글자를 적으니 소파에 앉아서, 누워서, 걸어 다니며 쓸 수 있어서 아주 편하고 좋았어요. 전 일상의 소소한 것들을 폰으로 찍어 두는 습관이 있습니다. 얼마나 다행인지 몰라요. 그래서 제 폰에는 10년 전 사진도 있습니다. 23살 일할 때 사진, 연애할 때부터 결혼, 아이를 낳고, 그 아이가 크는 현재까지의 소소한 행복과 제 시간에 대한 기록들이 남아 있죠.

평소 시간이 남을 때 그 사진들을 꺼내어 봅니다. 그때의 감정과 생각들을 리마인드해요. 기록은 어떤 방식이라도 참 중요하고 소중한 재산이라는 생각이 듭니다.

매일 쓰는 일기가 어렵다면, 내 생각을 적는 게 어렵다면, 사진으로 일상을 찍어 보는 건 어떨까요?

여러분들의 버킷은 지금 어디쯤 와 있나요? 아직 머릿속으로만 계속 생각하고 있다면 당장 눈에 보이는 무언가로, 어떤 형태로든 꺼내 보길 바랍니다.

나의 생일날, 나의 첫 글이 태어난 오늘을 기념하며.

내 별명이 곰이라고? 그렇다면, 백곰으로 해

사람을 잘 파악하는 지인들은 가끔 저에게 "곰 같다."라는 말을 하곤 했어요. 왜 그럴까 생각해 보니 필요한 말만 하고, 어떤 이벤트가 발생해도 크게 동요하지 않는다는 점이 이유였던 것 같습니다.

23살 첫 직장 상사는 저에게 일할 때 곰 같다고 비난하는 말을 하기도 했어요. 그때 생각했습니다. '곰? 그럼 난 성이 백이니까 이쁘게 백곰으로 하자.' 정신 승리를 해야 버틸 수 있는 직장이었어요.

생각해 보니 평생 인간으로 살기 위해선 끊임없는 사회화 과정과 학습이 필요합니다. 조용히 혼자 있는 것을 좋아하는 저 같은 사람은 더더욱 많은 사람들의 생각과 애티튜드를 학습하는 게 중요한 것 같아요.

다행히 요즘 MBTI라는 성격의 유형을 알 수 있는 척도가 나와서 사람들이 INTJ의 특성을 조금 이해하는 것 같기도 합니다. 맞아요, 전 INTJ-A입니다. 용의주도한 전략가 유형으로, 분석력이 아주 좋은 문제 해결사라는 해석이 나왔어요. 특징으로 혼자 있는 시간을 진짜 좋아하며, 사람 많고 시끄러운 장소를 제일 싫어하고, 굉장한 이기주의에 인간관계 정리를 잘 하고, 감정에 휘둘리는 것을 싫어하고, 원리 원칙을 중요시하며 합리적으로 공정성을 준수한다, 남에게 관심이 없다, 생각이 많고 복잡한 사고 활동을 즐긴다, 기발한 아이디어를 자주 떠올린다, 효율성이 떨어지는 것을 참을 수 없다. 나쁜 상황을 접했을 때, 공황 상태에 빠지기보다 무덤덤하게 받아들인다 등으로 해석되었습니다. 몇 번을 테스트해도 똑같이 나오더라고요. 다행히 T와 J의 특성에 직관적인 판단 능력과 감이 좋아서 현재까지는 순탄한 인생을 살아왔어요.

 좋은 사람을 만나 결혼도 하고 사랑스러운 아이도 있고, 살면서 시련도 있었지만 견딜 수 있을 만큼의 시련 덕분에 내가 성장한 것 같기도 합니다. 요즘 엄마들의 힘든 현실, 심경을 나타내는 영화나 드라마들이 많죠. 현실적인 부분이고 현실은 그보다 더 힘들기도 하고, 그래서 결혼에 대한 시각이 부정적인 경향이 많은 것 같습니다. 제가 하고 싶은 말은 그런 어렵고 나의 시간이 없는 날들이 절대적으로 내 삶의 시계에서 영원하진 않다는 거예요. 저도 아이가 5살 때까진 하루하루 버틴다는 느낌으로 살았거든요.

 전 내년이면 불혹이고, 유혹에 흔들리지 않는다는 나이지만 지금도 want와 needs를 구별 못해 과소비를 하기도 하고, 결제했다가 다음 날 바로 결제 취소를 하기도 하고, 친구를 만나면 시시껄렁한 농담으로 고등학교 때처럼 웃기도 하고, 그렇게 살아요. 요즘은 100세까지 살 수 있다고 하잖아요? 전 어릴 때부터 꿈이 불로장생이라 100세 시대라는 그 말이 참 반가웠습니다.

 김미경 강사님의 책과 강의를 봤는데 인생의 시계를 100세로 봤을 때 내 시간은 아직 오전 11시래요. 40세라고 우울해하지 말고 하루하루 내 시간을 잘 살고 내 기분을 잘 살피면 어떨까 싶더라고요. 깊게 공감했습니다.

 그래서 요즘 제가 느끼는 감정들을 간략하게 풀어 보고 싶었어요. 이 책을 보며 공감하시는 분들, '편한 소리하네.'라고 생각을 하시는 분들도 있겠지만 사람마다 받아들이는 생각이 다르니까 존중합니다. 그래도 나의 바쁘고 고된 하루 중에 한숨 돌릴 수 있는 순간, 잠시 힐링할 수 있는 그런 시간들을 꼭 확보해서 나의 하루는 내 의지로 살아간다는 마음을 가지시길 바랍니다.

무천이와 죽백이

불혹을 앞두니 집 안의 식물들에게 위로받는 일이 잦아졌습니다. 우리 집에는 줄기만 1미터가 되는 몬스테라가 있는데, 공중뿌리도 잘 내리고 새순도 계속 돋고 물만 일주일에 한 번씩 주면 불로장생할 것 같아요. 3년 동안 한 자리를 차지하고 있는 몬스테라가 대견스럽네요.

몬스테라는 키우기 쉬운 식물이기도 하고 우리 집과 잘 맞는 것 같아서 최근에 몬스테라 알보를 당근거래를 통해 구입했습니다. 몬스테라 알보는 희귀종으로 흰색과 녹색 무늬에 따라 가격이 천차만별인데 큰 화분은 3~4백만 원에 거래되고 잎 한 장에 15만 원을 넘기도 했어요. 다행히 코로나 엔데믹 시기의 거래로 가격이 많이 다운되어 냉큼 잎 2장에 14만 원을 주고 데려왔습니다.

부슬비가 내리던 날, 몬스테라 알보를 거래하고 나서 집으로 돌아오는 길이 너무 신났습니다. 행여 화분이 쏟아질까 봉지에도 넣지 않고 화분을 두 손에 꼭 쥐고 온 게 기억이 나네요. 잎이 비에 젖을까 싶어 조심조심. 마치 중학생 때 휴대폰을 처음 산 것처럼 기분이 좋았습니다.

집에 와서 햇빛이 드는 창가 쪽 테이블에 몬스테라 알보를 두고 한참 이리저리 쳐다보았어요.
혹시나 잎이 타지는 않았는지, 뿌리는 튼튼하게 내리고 있는지, 흙은 잘 말랐는지.
매일 눈뜨고 나서 몬스테라 알보의 상태를 살피는 일이 하루의 시작이 되었습니다.

우리 집에는 몬스테라가 3종, 콩고, 스노우 사파이어, 막실라니아, 수박페페, 금전수, 인도고무나무, 죽백나무 등 다양한 식물들이 있어요. 거실과 베란다에 초록색 잎들이 있으니 마음이 편안해집니다.

몬스테라 알보를 집으로 데려온 지 한 달이 지나자 새순 2개가 올라왔어요. 몬스테라는 새순이 자라는 속도가 빠릅니다. 새순이 기존 줄기에서 갈라지고 잎은 돌돌 말려 있어요. 시간이 지날수록 돌돌 말린 잎이 천천히 펴지는데, 여간 애타는 게 아닙니다. 돌돌 말린 잎이 펴지는 데 7일이 걸렸어요.

오늘 아침 새순을 보니 반은 흰색(고스트), 반은 초록색과 흰색 무늬가 있는 잎이었습니다. 거기에다 반은 찢잎이었죠. 몬스테라는 기본 잎이 난 후에 찢어진 잎인 찢잎이 나와요. 찢잎이 나오는 순간 식물의 가치가 높아집니다. 물론, 가격 상승도 하지요. 전 몬스테라 알보의 이름을 무천이로 짓기로 했어요. '무늬 천재'의 줄임말인데 실제 식집사들이 많이 사용하는 말입니다.

무천이는 어느 정도 크면 잘라서 팔 생각으로 식테크 목적으로 샀지만 너무 아까워서 팔 수 없을 것 같아요.

출근했다가 집으로 돌아와 집안일을 끝내고 밤에 쉴 때 식물들을 보면 아무 생각 없이 멍 때리게 됩니다. 집이 주는 편안함, 아늑함, 고요함에 마음을 다듬고 위로를 받습니다.

내가 식물들을 키우고, 길을 걷다 예쁜 꽃의 사진을 찍고 카카오톡의 메인 화면을 식물로 저장하는 나이가 된 것인가? 늙어 가는 것인가? 라는 의문이 들기도 했지만 식물이 주는 편안한 에너지가 그 의문들을 상쇄시켰어요. 내가 좋으면 그만이죠.

오늘도 하루의 시작과 끝에 내 안식처가 되어 준 식물들에게 할 말이 있습니다.
"오늘도 고생했어요. 고맙습니다."

아, 죽백나무에게는 별도로 할 말이 있어요. 소원이 이루어진다는 죽백나무. 전 죽백이라 부르기로 했습니다.
"로또 당첨되게 해 주세요."

나의 소원을 오늘도 죽백이에게 전합니다.
언젠가는 들어주겠죠?

Are you ARMY?

"아미시라면서요~"

동네 놀이터를 지나가던 중 아이 친구 엄마를 만났는데 저에게 대뜸 이렇게 물었습니다. 당황했지만 이렇게 대답했죠. "어머, 어떻게 아셨어요?" 얼굴에 "ARMY"라고 쓰여 있나? 그럴 리 없는데, 당혹스러웠습니다. 아이 친구 엄마는 "저번에 놀이터에서 남편분에게 들었어요~ 우리 조카들도 ARMY라서 잘 알아요."라는 대답을 했죠.

'이 인간이 동네에서 대체 무슨 말을 하고 다니는 걸까.' 속으로 부글부글 했지만 겉으론 웃으며 인사를 하고 집으로 왔습니다.

전 4년차 ARMY입니다. 2013년 6월 13일에 데뷔한 한국 보이 그룹의 big fan이죠. 삶의 활력소입니다. 매일 아침 아이가 학교 가는 모습을 보며 출근할 때 차 안에서 최애 보이 그룹의 노래를 듣습니다.

노래 장르도 다양한데 월요일은 한 주 시작의 화이팅을 위해 「다이너마이트」, 「버터」, 「작은 것들을 위한 시」를 듣고, 등교 전 시간에 쫓기며 스트레스를 받을 때, 아이를 재촉하며 회사의 지각을 면하기 위해 뛰어나왔을 때 「쩔어」, 「불타오르네」, 「RUN」을 듣습니다. 회사까지는 자차로 5~6분 거리라 한 곡, 두 곡을 크게 들으면 주차할 때까지 신이 나거든요. 크게 노래를 듣고 나면 뭔가 홀가분해지고 기분이 정리되는 것 같아요. 또 의지를 다져야 할 때 「Mic drop」, 「달려라 방탄」을 듣습니다.

2023년 올해 제 최애 보이 그룹의 10주년 맞이 행사가 서울에서 한창인데, 뒤늦게 39세에 4년차 아미라니.

육아 퇴근 후 그들의 노래, 무대 영상, 콘서트 영상 등을 보며 힐링하지만 초등학생 아이의 친구 엄마들에게는 "나 아미예요."라는 말은 꺼내기 쉽진 않습니다.

"저 나이에 무슨 아이돌이야? 아이 공부나 신경 쓰지."

말은 하지 않아도 느껴질 시선 때문일까요? 하지만 전 좀 다르게 생각해요.

소위 '덕질'이라는 취미는 굉장히 건강한 에너지를 몸에 생성해 줍니다. 덕질하는 사람은 게으르지 않고 항상 바쁘고 열정적입니다. 또, 덕질 말고도 본인이 원래 하는 일은 더 열심히 하는 경향도 있어요. "덕질 때문에 본업을 소홀히 한다."라는 말을 듣기 싫은 거죠. 제가 그렇습니다. 그래서 가끔 친구들이 "뭐야, 그 나이에 아이돌이야."라는 말을 하면 당당하게 "아이돌이 뭐 어때서? 덕질이 얼마나 힘든지 알아? 덕질이 쉬운 거 아니야, 신경 쓸 일이 얼마나 많다고! 내가 건강해야 할 수 있는 게 덕질이야." 하고 대답해요.

덕질에도 종류가 많잖아요. 운동, 낚시, 식집사, 등산, 자전거 라이딩 등.
자기 생활에 너무 깊숙이 들어가서 본업과 할 일을 구분 못한다면 문제가 되겠지만, 적당한 건 괜찮다고 생각합니다.

뒤늦게 아미에 합류해서 좋은 점은 그동안 몰랐던 노래, 못 봤던 영상을 파도 파도 계속 볼 수 있다는 거예요. 시간 가는 줄 모릅니다.

처음 「다이너마이트」를 들었을 때 충격이었어요. 딸아이의 지독했던 2년의 폐렴기를 지나 이제야 입원에서 벗어나 안정되었는데, 왕성한 코로나 바이러스로 인해 몸도 마음도 다시 위축되었습니다. 그런데 「다이너마이트」를 듣는 순간 뻥 하고 터지는 무언가를 느꼈어요.

아미가 아닐 때 뉴스에도 나오는 최애 보이 그룹 덕분에 그들의 존재는 알고 있었지만, 그때는 '그렇게 유명한가?' 싶은 생각도 들었습니다.

「다이너마이트」를 듣고 "R"님의 귀에 쏙쏙 박히는 딕션이 듣기 좋아서 영상을 찾아본 것이 덕질의 시작이었어요. 2019 MMA 무대를 뒤늦게 보고 제대로 덕통사고가 났습니다. 그때 멜론에 멤버 개인의 직캠이 있었는데 "R"님의 개인 직캠을 보니 "J"님의 춤추고 무대를 즐기는 모습이 보이기 시작했어요.

저의 최애는 "J"님 그리고 "S"님입니다.
"J"님은 무대를 홀리는 매력이 있어요. "S"님은 콘서트에서 보았는데 서 있기만 해도 멋있었습니다. 허공을 바라보는 눈빛, 랩 하는 애티튜브, 손짓이 연예인 그 자체였어요.

「상남자」, 「작은 것들을 위한 시」, 「디오니소스」 퍼포먼스에서 단조롭지 않게 보이기 위해 양손을 번갈아 가며 마이크을 잡고 라이브 하며 춤추는 "J"님의 모습은 열정이라는 말로 다 표현하기는 어려웠습니다. 또 망개떡처럼 귀여움까지 갖추었어요. '저렇게 노래하고 춤추면 탈진하지 않을까?, 어깨가 탈골 되지 않을까?' 싶을 정도로 에너지가 넘쳤어요. 전 그 열정과 에너지가 좋았습니다. 노래하고 춤추는 영상들을 보면 덩달아 기분이 좋아지고 내가 살아 있는 느낌이 들고, 나도 무엇인가 할 수 있다는 긍정적인 생각이 들었습니다.

덕질은 삶을 활기차게 하고 내 몸과 마음이, 삶이 늙지 않도록 자주 비타민을 몸에 꽂아 두는 것 같아요.
전 지금도 하기 싫은 일, 꼭 해야 하는 힘든 일을 하기 전에 그들의 노래를 듣고 마음을 다잡곤 합니다.
여러분들은 어떤 덕질을 하고 있나요? 혹시 무기력하고 우울하시다면 좋아하는 무엇인가를 찾아보는 건 어떠세요? 그거 아세요? 덕질은 해 본 사람이 더 잘한다는 거. 초등학교 때 H.O.T 팬클럽이었던 이력을 살려 지금은 경력직으로 덕질을 더 즐길 수 있게 되었습니다.

"덕질은 계속 되어야 한다. 아포방포♡"

꿈을 이룬 아미

그렇게 육퇴 후 저의 덕질은 계속되었고 '나도 콘서트에 가고 싶다. 살면서 저런 열정을 가진 가수의 무대를 직접 보고 싶다.'라는 생각이 들었습니다. 하지만 티켓팅은 전국구가 아닌 월드 경쟁이었어요. 로또라고 생각이 들 정도로.

일 년에 쓸 운이 모두 닿았을까요? 저에게도 기회가 왔습니다. 2022년 10월 15일 부산에서 열리는 'yet to come in Busan' 콘서트의 티켓팅을 성공한 것입니다. 비록 3층 좌석이지만 티켓팅이 완료되고 환호성을 질렀습니다. 아파트가 떠나갈 정도로.

콘서트 당일 점심을 먹고 부산 아시아드 주경기장에 내렸는데 어마어마한 인파에 놀라 잔뜩 긴장했습니다. '오전에 일찍 올 걸' 후회가 들고 처음 가 보는 곳에 혼자 공연장 좌석을 찾아야 해서 발이 빨라졌습니다. 줄을 서고 또 서고 아시아드 주경기장 입구에서 공연장의 좌석에 착석하기까지 두 시간이나 걸렸는데 영어, 중국어, 일어를 포함해서 다양한 언어가 들렸어요.

좌석에 앉아 물을 마시며 휴식을 취하고 옆을 보니 양옆으로 저보다 10살 많은 아미분들이 앉으셨어요. 가볍게 인사를 하고 어디서 오셨냐고 물으니 인천과 수원에서 오셨다고 했습니다.
한 분은 미국 LA공연도 다녀오셨다고 했고 또 다른 한 분은 저에게 아미밤(응원봉)의 페어링 방법도 알려 주셨어요. 페어링은 콘서트 좌석별로 공연장의 블루투스에 연결하면 아미밤 불빛의 색이 자동으로 바뀌는 것이었지요. 전 첫 콘서트에 와서 너무 신기했습니다.

저보다 분명 나이가 많으신 분들인데 콘서트에서 부를 노래 리스트, 페어링 방법, 응원법 등 모르는 것이 없는 걸 보니 나이는 정말 숫자에 지나지 않다는 걸 체감했어요.
그렇다고 그분들이 덕질만 하는 건 또 아닙니다. "가족들이 3일 동안 먹고도 남을 국을 끓이고 왔다.", "애들이 이제 다 커서 내 도움이 많이 필요하지 않다."라는 말과 표정에서 정말 행복함이 묻어났어요. 지금은 온전히 자신의 덕질을 즐기고 있으니까요.

그리고 제 왼쪽에 앉으신 아미분은 이렇게 말씀하셨죠.
"어머~ 첫 콘서트예요? 첫 콘은 울어야지~~!!"

놀라운 발언과 함께 콘서트가 시작되었어요. 팬들의 그 함성. 그 에너지는 어마어마했습니다. 사실 스트레스 해소를 위해서 콘서트를 보는 것이 아닌, 가수와 팬들의 터무니없는 에너지를 받고 몸이 놀란 것 같은 느낌이 들었습니다. 라이브 장인인 최애 보이 그룹 멤버들의 무대를 즐기고 군대 입대를 염두에 둔 속마음 이야기가 끝나자 폭죽이 터지고 앵콜곡을 마지막으로 콘서트는 끝이 났어요.

공연이 끝난 뒤 3층 좌석에서 공연장 입구까지 긴장을 늦추지 않고 걸었습니다. 집까지 안전하게 가야 하니까요. 길을 가다가 다리가 풀려 주저앉은 아미분을 보았는데 다들 달려가서 부축하는 모습을 보고 '월드 가수에 월드 매너를 탑재한 팬들이군.' 하는 생각이 들어 팬부심이 들었습니다.

전 부산과 가까운 도시에 살아서 남편과 아이가 공연장에 데리러 왔어요. 차를 타고 집으로 가면서 남편에게 콘서트와 팬들의 에너지, 열기를 말하려고 했는데 남편은 항상 그랬듯 부동산 투자와 앞으로의 우리의 투자 방향에 대한 고민을 털어놓았어요. 갑자기 시공간이 바뀐 느낌이었습니다.

우리 부부는 재테크에 관심이 많아서 매일 투자에 대한 생각을 나누고 토론하거든요. 하지만 지금은 압축적인 에너지를, 그 기운을 곱씹고 아직 여운이 가시지 않은 상태인데 투자고 나발이고 머릿속에 들어오지 않았습니다. 대충 대답해 주고 속으로는 콘서트만 생각했죠.

그 두근거림과 몸으로 받은 에너지는 좀처럼 가시지 않았어요. 씻고 누워도 잠이 오지 않고 다음 날까지 계속 생각이 났습니다. 다른 가수들의 콘서트도 많이 가 봤고 뮤지컬도 주기적으로 보았지만 살아가면서 한 번쯤은 공격받아 볼 기운이 좋은 에너지였습니다. '아 이래서 사람들이 이 콘서트를 보는구나, 공연이 주는 에너지가 이런 거구나.'라는 생각을 한 달 정도는 했던 것 같아요.

그건 가수만이 주는 에너지는 아니었어요. 팬들의 함성, 몸을 덮고 귀 위, 머리 위까지 올라가는 미친 텐션은 그 공연장에 있어야만 느낄 수 있는 소중한 경험이었습니다.

지금은 멤버 중 2명이 군대에 가서 국방의 의무를 다하고 있죠. 모든 멤버들이 무탈하게 군 생활을 마치고 7명 모두가 한자리에서 꼭 다시 콘서트를 열었으면 하는 생각을 오늘도 해 봅니다.

2 ────────────── 혹독한 겨울을
맞이하는 방법

새벽 시장

    2007년도 23살, 대학교 4학년 2학기 늦여름, 학교에서 추천한 취업 박람회에 참석했습니다. 수많은 회사들이 부스에서 이력서를 받았고 전 음식점 명함 박스에 명함 넣듯이 장난 반 진담 반으로 어느 중견 기업에 원서를 넣고 왔었죠.

    2주 뒤 면접을 보러 오라고 연락이 와서 적잖이 당황했었습니다. 첫 원서에 오직 한 개의 회사에만 원서를 넣고 왔는데 면접이라니. 당시 회사 사장님과 상무님이 면접관이었고 "당신이 가진 자격증으로 우리 회사에서 어떤 일을 할 수 있느냐?"라는 질문했습니다. 전 산업 공학이 주 전공이고 산업 정보 공학을 복수 전공으로 이수한 학생이라 품질 관리와 프로그래밍이 가능하다고 했어요.

    주 전공인 6시그마 프로젝트 수업에서 A+을 받은 이력과 Sun

microsoft사에서 주최한 JAVA 프로그래밍 언어 국제자격 시험에서 합격했다고 어필했습니다. 면접은 30분 정도 단독으로 이루어졌고 면접을 보는 순간에 붙었구나, 라는 생각이 들었어요.

면접을 보고 집으로 가는 길에 전화가 왔어요.
다음 주부터 출근하라고.

「고민보다 go」니까 입사했습니다. 2007년 10월 1일, 23살에 당당히 사회에 첫발을 내딛었어요. 부서는 품질 관리로 배정되었고 품질 파트에서 할 수 있는 업무는 다 해 보았던 것 같습니다.

회사는 생각 이상으로 체계가 잡힌 S전자의 1차 벤더였어요. 휴대폰의 Pcb ass'y, Sensor ass'y를 만드는 곳이고 부서의 모든 사람들이 미친듯이 바빴습니다.

전 그 회사에서 9년 동안 일을 했는데 출하 검사, 수입 검사, 선행 품질, 신뢰성 실험 파트 등 안 해 본 일이 없었어요.

아직도 가장 기억에 남는 건 새벽 시장이라는 품질 회의를 토요일 새벽 7시 반에 했다는 겁니다.
새벽 시장의 취지는 사고성 불량 등 품질 실적 안 좋은 공급 업체에 대해 페널티 개념으로 새벽에 품질 회의를 열고 불량에 대한 원인과 개선 대책을 직접 발표하게 함으로써 품질에 대한 경각심을 주

자는 목적이었어요.

그 회의를 새벽 시장이라 불렀습니다.

새벽 시장은 대표님, 상무님, 품질 관리 실무진 전부, 유관 부서장, 공급 업체 대표, 공급 업체 품질 부서장이 참석해서 약 40명이 매번 참석했어요. 게다가 중국과 베트남 공장의 실무진까지 화상으로 회의를 연결했습니다. 아찔했습니다. 회의가 7시 반이면 한 시간 전에 출근해서 회의실을 준비해야 했거든요.

새벽과 아침 사이에 태어나서 그럴까요? 전 일복이 많았습니다. 발표할 부서, 업체의 발표 자료를 취합하고 검토하고 피드백하고 제가 발표할 자료까지 만드느라 하루하루 숨 막히게 살았어요.

새벽 시장은 약 2년 정도 계속되다가 베트남지사에서 "회의 시간이 너무 이르다."라는 피드백이 온 뒤 오후 3시로 시간이 바뀌었습니다. "베트남은 한국보다 2시간 빠르니 너무 가혹하다."라는 의견이었지요.
전 속으로 물개 박수를 쳤습니다.

이렇게 나의 20대 초반 치열했던 새벽 시장은 이제 열리지 않게 되었어요.
여러분은 인생에 새벽 시장이 혹시 열려 있나요? 살면서 새벽 시장에 갔던 순간이 있나요?

 언젠가는 새벽 시장도 문을 닫겠죠. 인생의 힘든 순간도 지나갈 겁니다.

 그때까지 조금만 힘을 내고 견뎌 보는 건 어떨까요?

매운맛 소보루빵

 23살, 한 발짝 디딘 사회는 아주 매운맛이었어요.

 오전 8시부터 5시까지 정규 근무 시간인데 주 고객사의 출하 시스템은 저녁 5시에서 7시 사이에 열렸습니다. 그때부터 출하 준비로 제일 바쁜 시간이죠. 현장에서 근무하시는 분들이 날아다니고 당연히 사무실의 담당자들도 현장의 일이 끝날 때까지 퇴근은 못했지요.

 당시 전 출하 검사에서 일을 했기에 현장의 출하가 모두 끝날 때까지 항상 남아 있었어요. 게다가 우리 팀에서 막내였습니다. 23살부터 26살까지 3년은 평균 밤 11시에 퇴근했어요. 추가 근무 수당이 더해지던 날들이었습니다. 평균이 11시지, 품질 문제가 발생하면 새벽 1시에도 퇴근은 힘들었죠.

추가 근무를 5시간하면 10시 반인데 그때 마치고 막걸리 한 잔 하자고 하는 팀장님을 보면 '아, 이게 사회생활이구나, 지독하게 맵다.'라는 생각을 했어요. 11시부터 마시면 집에 12시 넘어 들어가고 씻고 자니까 새벽 5시에 또 일어나야 되더라고요.

추가 근무 5시간을 하면 다음 날 오후에 빵과 흰 우유가 나왔습니다. 전날 일을 많이 해서 주는 식대? 같은 개념의 간식이었죠. 우리 팀 선배들과 제 책상에는 항상 빵과 우유가 있었습니다. 마치 훈장처럼요.

그때 가끔 나왔던 빵이 소보루빵인데 일반 크림빵보다 고소해서 소보루빵이 나오면 좋아했던 기억이 나네요. 지금도 빵집에 가면 소보루빵을 삽니다. 여전히 고소하고 그때 치열했던 내 20대가 떠오르거든요.

여러분들은 시간을 갈아 넣어 획득한 매운맛 소보루빵이 있나요? 눈물 젖은 소보루빵도 괜찮습니다. 전 둘 다 맛있게 먹었어요.

끝나 버린 일어 수업

　23살 사회 초년생의 회사는 외국계 기업이었고 일본이 본사였습니다. 국내 고객사들을 상대하기도 했지만, 본사로 납품하는 품목들도 꽤 있어서 신입 사원에게는 새벽 일어 강의를 무료로 제공해 주었어요.

　입사 후 처음에는 신났습니다. '와, 일어 선생님까지 아침에 오셔서 무료로 공부하게 해 주는구나, 좋은 회사다.'라는 생각도 잠시.

　제가 일하는 품질 부서의 업무 특성상 매일 10시 반, 11시 퇴근해서 아침 7시 강의에 참석하는 건 굉장히 어려운 일이었어요. 하지만 출석부까지 챙겨서 체크하는 회사에, '다른 부서 신입 사원들을 참석하는데 너는 안 한다.'라는 이야기가 나올까 봐 매번 참석했습니다. 정규 업무 시간은 아니지만 분명 근태에 포함될 것 같았어요.

일어 강의를 들으려면 6시 50분엔 회사에 도착해야 되고, 버스를 타고 차가 밀리는 시간을 감안하면 기상 시간은 5시가 적당했습니다.

지금 생각하면 24시간 중 도대체 몇 시간이나 회사에 있었던 걸까요? 말이 안 되지만 17년 전의 제조업의 분위기는 다 비슷했던 것 같습니다.

일어 선생님은 그 당시 나이가 60대 중후반이셨던 것 같아요. 얼굴에 주름이 자글자글했고, 큰 안경을 콧대 중간까지 내려 쓰고 아침마다 "백 상, 백 상, 어제는 어떤 술 마셨나요?"라는 이야기로 아침 강의를 시작했어요. 피곤한 신입 사원들의 잠을 깨우는 단골 멘트였습니다.

저런 농담이 꽤나 싫었지만, 적당히 싫은 티를 내며 웃고, 대답해주고 나면 수업이 시작되었어요. 일어 회화 수업이었는데, '왜 난 이 수업을 듣고 있을까?'라는 현타가 자주 왔었던 것 같습니다. 언어는 하고 싶을 때 배워야 효율성이 극대화되니까요. 또, 수업 시간이 중간 정도 흘렀을 때 살며시 뒷문으로 오셔서 수업 상태를 모니터링하러 오시는 상무님까지, 숨 막히는 순간이었네요.

수업이 끝나고 나면 8시에 내려가서 업무를 바로 시작했습니다. 고3 생활보다 더했던 것 같아요. 전 고3 때도 이정도로 시간을 압축적으로 쓰지 않았어요. 강의를 들은 지 1년이 지나자 도저히 강의에 들어갈 여력이 없었습니다. 다행히 한 명 씩 수업에서 빠졌고, 일어 수업은 폐강되었습니다.

　지금 생각해 보면, 그 당시 일어 선생님은 우리 신입 사원들이 얼마나 수업이 듣기 싫은지 알았던 것 같아요. 그래서 매번 농담으로 수업을 시작했던 것 같은데 너무 싫은 티를 내서 조금 미안합니다. 지금은 어디서 어떤 농담으로 강의를 하고 계실지 문득 궁금해지네요.

공포의 빨간 메일과 소주 한 잔

사회 초년생의 일은 혼자만의 일이 아닌 거 아시죠? 여기저기에서 부르고 잔심부름이 쇄도합니다. 저 역시 23살부터 26살까지는 정신 못 차리는 하루를 보냈어요.

우리 부서에 김말이 팀장님이 있었는데 일을 잘하고 성격이 불 같았습니다. 부서원들에게 업무 피드백할 때 꼭 본인 자리 옆에 사람을 세워 두고 10분 20분 동안 연설하셨죠. 주로 제가 자주 서 있었는데 서 있는 제가 김말이 같았습니다. 욕으로 돌돌 말아 한입이 쏙 먹히는 기분이 들었죠.

빨간 메일을 아시나요?

제가 업무적인 실수를 하면 김말이 팀장님은 메일에 사람 이름 빼고 모든 글자는 빨간 색으로, 글자 포인트는 16이나 18로 답장을 주곤 했어요. 물론 메일에 참조된 인원 전체 회신으로 망신을 주는 건 플러스였죠.

빨간 메일은 이따금 제 앞으로 발송되었습니다. 이상합니다. 일은 왜 그렇게 할 게 많고 헷갈리는 걸까요? 제품의 기능은 매번 업데이트되었고, 새로운 기능은 공부해야 되고 불량이 발생하면 응급 상황이고 정신없는 일상에 더 우왕좌왕했습니다.

그래도 '서당 개 3년이면 풍월을 읊는다.' 했죠.
3년이 지나니 조금씩 일 돌아가는 게 눈에 보이고 시키지 않아도 먼저 확인하고 김말이 팀장님에게 욕 듣기 위해서가 아닌 보고하기 위해 옆에 서 있는 '초 사이어인'이 되었습니다. 「드래곤 볼」에 나오는 머리카락이 전투적으로 서고, 근육이 터질 것 같은 그 '초 사이어인'이요.

그리고 회식 날, 소주를 퍼 마신 저는 중간에 필름이 날아간 채로 집에 갔습니다. 다음 날 출근해서 골골거리는 상태로 업무를 보았죠. 그런데 말입니다. 김말이 팀장님이 굉장히 저를 챙깁니다.
왜 그럴까요, 불안하게.

김말이 팀장님은 자리에 앉아서 우리 팀원 선배들에게 말합니다.
"너네 남자들은 쟤 좀 보고 배워라, 남자 새끼들이 뭐라하면 입이 튀어나와서 눈도 안 마주치고."

　재는 저를 말하는 걸까요? 어제 상황을 주변에 물어보니 제가 술이 취해서 김말이 팀장님에게 소주와 잔을 들고 한잔 하자고 했다는 겁니다. 그러면서 "팀장님, 제가 몰라서 그렇습니다. 일하는 방법을 몰라서 그래요. 3년 정도 있으니 어떤 방법으로 일하고 상사에게 보고하고, 보고하는 시점이 중요한지 알게 되었습니다."라는 진심 어린 말을 했다고 합니다. '술 취한 백곰, 네가 드디어 미쳤구나. 저런 말을 하다니.'
　그래도 주정이 아닌 저런 긍정적인 말을 해서 다행이다 싶었습니다.

　우리 팀 처음으로 뽑은 여자 담당자에, 매일 사고만 치는 20대 초년생이라 김말이 팀장도 절 쫓아내지 못하고 애만 먹었다고 생각했는데 회식 후 김말이 팀장님이 절 보는 눈이 많이 달라졌네요. 휴, 다행입니다.

　때론 내 의지와 상관없이 취해서 나오는 말이 진정성 있게 전달될 때도 있는 것 같습니다.
　여러분들은 소주 한 잔을 같이 하고 싶은 사람, 빨간 메일을 보내고 싶은 사람이 있나요?
　빨간 메일은 참으시고 소주 한 잔은 권해 봅니다.

안녕? 모닝, 안녕. 모닝

23살에 사회생활을 시작하고 몇 달은 버스를 타고 출퇴근을 했습니다. 집에서 회사까지 버스를 타는 시간은 40분, 내려서 회사까지 걸어가면 15분, 편도 1시간은 소요됐고, 퇴근이 점점 늦어져 버스를 타고 다닐 수 없을 때는 아버지가 데리러 오곤 하셨습니다.

그런데 그 당시 나의 퇴근 시간은 내가 결정할 수 없는 것이기에, 밤 9시 반에 퇴근하기 위해 용기를 내어 "팀장님, 퇴근해 보겠습니다."라고 하면 "아무도 안 가는데 벌써 가려고 하냐."라는 말로 핀잔을 들었고, 퇴근은 할 수 없었습니다.
아버지가 회사 앞에서 기다리는 시간은 점점 늘어났습니다.

"이대로는 안 돼, 차를 사서 운전을 하자."

당시 사회 초년생 여자들이 가장 많이 타는 차는 기아에서 나온 모닝이라는 경차였습니다. 앞뒤가 짧고 동글동글 귀여운 외형에 기름값도 적게 들고 주차도 편하고 얼마나 인기가 많은 지 주문하고 9개월 기다리는 일도 많았습니다.

저도 대세에 따라 모닝을 구매했고, 24살에 흰색 모닝을 타고 서울 빼고는 거의 다 갔던 것 같아요. 그때 차 있는 친구는 저 혼자라 친구들과 펜션 갈 때, 거리가 있는 맛집 갈 때 너무 신났습니다. 거기에 새 차라 애정이 많이 가던 차였죠. 고속 도로도 쌩쌩 밟고 차와 물아일체가 되어 어디든지 갈 수 있던 날들이었어요. 그러다 결혼하고 임신했을 때 조금 더 안전한 차로 바꾸게 되었습니다.

"6년 반을 같이 다녔던 내 친구 모닝, 네 덕분에 난 숨통이 트이는 날들이 많았어. 음악 들으며 드라이브했던 날들, 혼자 생각을 정리하러 앉아서 쉬었던 날들. 참 고마웠어. 안녕! 모닝."

3 —————————————— 눈꽃 산행,
그리고 봄날

인생의 2막, 결혼, 출산, 그리고 이직

23살 패기만 넘치던 사고뭉치에서 '초 사이어인'이 된 저는 좋은 사람을 만나 30살에 결혼을 했습니다. 확실히 한 분야에서 9년 정도 일을 하니 같이 일하는 후배들도 생기고, 일도 나누어 하고 제가 해왔던 심부름도 시키고, 시간적인 여유가 생겼어요. 일하며 인정받는 시기였고, 진급도 했습니다.

28~30세에는 주로 고객사의 품질 audit 대응을 맡았는데 제가 나이를 먹는 동안 휴대폰도 노트, 갤럭시 시리즈가 다양하게 출시되었고 새로운 모델이 나올 때마다 audit 대응을 하느라 심적인 스트레스가 컸습니다. 품질 audit는 짧으면 하루, 길면 3박 4일 동안 진행됐습니다. 김말이 팀장님에게 들들 안 볶이니 이제 고객사 담당자들이 수시로 절 볶더라고요.

고객사 품질 담당자는 주력 모델의 첫 제품이 자기 회사로 납품되는 날이면 우리 회사에 와서 직접 검사를 하고 문제가 없을 때 출하하도록 했습니다. 생산하는 공정도 보고, 검사도 하고 체크 리스트에 적었습니다. 납품 수량이 300개든, 1,000개든 상관없었습니다. 역시 S전자는 세계 1위가 될 만한 기업입니다.

품질 파트에서 일하시는 분들은 아시죠? 저렇게 고객이 상주해서 검사하려면 그 전에 200% 우리가 먼저 전수 검사해야, 문제가 없는 제품을 내놓을 수 있다는 것을.

새벽 3시에 상주 검사하러 2시간 운전하고 온 고객사 담당자를 보며 '당신도 참 힘들게 산다, 잠도 못 자고 이 시간에 출근하는 나도 힘들게 산다. 이제 이 생활을 접어야겠다.' 마음먹었습니다.

그리고 건강한 아이를 출산한 12월의 끝에 퇴사 결심을 했습니다. 아이를 키우면서 일을 잘할 자신이 없었어요. 치열하고 바쁘게 버텨온 자부심 있는 일인데 아이가 생겨 일에 소홀해지고 열정이 식을까 봐 겁이 났습니다. 포기가 반복되고 회사에서 위축될 것 같았어요.

그리고 제일 중요한 우리 아이에게 집중하는 마음이 온전하지 않을 것 같았습니다.

아이를 낳자마자 이직 자리를 구했고, 이직이 결정된 날, 퇴사 신청을 했어요. 운 좋게 좋은 자리가 있어 냉큼 이력서를 냈습니다. 출산을 한 상태지만 9년간의 경력이 이직을 하게 해 주었어요.

9시 출근에 6시 퇴근, 모든 휴일은 온전히 쉬고, 퇴근하면 조명의 스위치 끄듯이 일 생각이 머리에서 싹 사라지는 근무 조건이 아주 좋은 회사였어요.

물론 초반에 급여는 이전 회사보다는 적었습니다. 하지만 몇 년만 지나면 급여는 상승할 테니 큰 문제는 아니었어요. 전 돈 대신에 시간을 선택했습니다.

전 아이를 낳고 2달 후 다시 사회로 돌아갔고 새로운 직장에 새로운 사람과 새로운 업무를 맡았습니다. 기술 서비스와 인증 서비스를 주로 다루는 회사였고 9년 동안 품질 파트에서 다양한 일을 한 게 밑천이 되었어요. 제게 더 이상 어려운 일은 없었습니다.

문제가 있다면 너무 갑작스러운 환경의 변화로 심리 상태가 조금 불안했어요. 출산이란 몸의 변화, 갓난아이와 잠 못 드는 밤, 그래도 가장 적응이 어려웠던 건 9년간 같이 일했던 나의 시간, 사람과의 단절이었죠. 인간은 사회적 동물이라고 하죠. 손이 묶인 채 갑자기 무인도로 혼자 발령 난 것 같았습니다. 그래서 이전 직장의 친했던 사람들과 지속적인 소통을 하고 가끔 만나서 맛집도 갔습니다. 도움이 되었어요. 천천히 변화를 받아들이고 새로운 직장에서 사람들과도 친해졌습니다.

내 의지대로 선택한 삶에, 생각보다 무거운 책임이 따라올 수도 있고, 버텨야 할 순간이 찾아오기도 합니다. 그럴 때, 너무 자신에게 엄격하지 말고 조금은 풀어져, 느슨하게 주변 사람들에게 의지해 보는 것은 어떨까요?

폐렴과의 전쟁

배 속에서 열 달을 채웠음에도 불구하고 2.46kg으로 세상에 나온 우리 아이. 전 출산 두 달 후 이직했고 시어머님이 2년 동안 정성으로 아이를 돌봐 주셨습니다.

항상 "내가 도와줄 수 있을 때 아이를 봐 주겠다. 시간 금방이다. 회사를 그만두지 말아라."라는 말씀하셨어요. 참 감사한 일입니다. 누구나 그렇듯 엄마가 처음이라 힘들지만 전 너무 힘들었습니다. 퇴근 후 집에 가서 아이를 돌보는 것보다 하루 종일 일하는 게 훨씬 쉬웠습니다.

두 돌이 지나고 어머님께서 복직하신 시점에 어린이집을 보내게 되었습니다. 어린이집을 간다는 건 다양한 바이러스들과 맞서야 된다는 것이죠.

어린이집에 간 3살부터 5살까지 폐렴은 우리 가족을 상대로 전쟁을 선포했습니다. 지독하게 입원과 퇴원을 반복했어요. 두 달마다 한 번씩 입원했고 한 번 입원하면 짧게는 7일, 길게는 10일 동안 병원에서 지냈습니다.

말이 두 달이지 7일 입원하고 일주일 통원 치료하고 한 달 정도 몸 사리다가 다시 입원하는 무한 반복이었어요. 삶의 질이 현저히 낮아졌습니다. 아이에게 조금만 감기 증세가 있으면 우리 가족은 예민해졌어요. 기침을 하면 열이 나고 열이 나면 병원에 바로 입원했으니까요.

어디 여행을 간다는 건 생각도 못했습니다. 한 번은 제주도 여행을 갔는데 비행기에서 내리자 기침 소리가 예사롭지 않았어요. '다시 비행기 타고 돌아갈까?'라는 생각을 여행 내내 했고 여행은 즐겁지 않았습니다.

의사 선생님은 입원하러 올 때마다 "약해서 그렇다. 더 커야 된다. 많이 먹여라."라는 말씀만 하셨습니다.

입원비도 만만치 않았어요. 다행히 아이 보험이 있어 병원비의 80%는 지급되었지만 한 번 퇴원할 때마다 150~190만원이 카드 내역에 찍혔습니다. 나중에는 보험사에서 이번 년도에는 폐렴 코드로 보험금 지급이 어렵다고 했어요. 일 년 동안 낸 보험비보다 받은 보험금이 훨씬 많았으니 그럴 만하죠.

다행히 이직한 회사에서는 제 사정을 이해해 주었습니다. 핵심 인력으로 대우해 주며 연차가 다 소진되면 무급 휴가를 쓰게 해 주었어요. 또 아이를 키우는 건 '온 마을이 도와줘야 한다.'라는 멋진 마인드를 가진 회사였습니다.

저는 남편이 병실 보초를 서는 날엔 집에 가서 급한 일을 밤에 처리하곤 했습니다. 2년 동안 잠은 거의 3~4시간만 잤던 것 같아요. 적게 자도 몸은 적응하고 생활은 가능했어요. 대신 살이 찝니다. 최고의 단점이죠.

지긋지긋한 폐렴은 5살 여름에 전역했습니다. 거짓말처럼 5살이 되니 입원하지 않았어요. 시간이 해결해 준다는 말은 참 말이었습니다. 아이도 부모도 힘들었던 시간이 지나가고 저는 다짐했습니다.

첫째, 나도 우리 딸이 아이를 낳으면 돌봐 줘야지. 일을 그만두지 않고 경력이 단절되지 않도록 많이 도와줘야지.
둘째, 회사에 도움 되는 인력이 되어야지.

지금도 이 생각엔 변함이 없습니다. 힘들 때 도와준 건 못 잊는 법이니까요. 나라는 사람을, 내가 보내온 시간을 잃어버리지 않고 지금까지 있게 해 준 모든 분들에게 말하고 싶습니다.

"정말 감사합니다."

상급지 이동이 필요해

　아이를 낳고 보니 아무렇지 않았던 우리의 집이 단점으로 가득했어요. 우리 부부는 결혼할 때 8천만 원에 전셋집을 구하고 6개월 뒤 다른 집을 매매했습니다. 전셋집 집주인분은 도배장판도 안 한 엉망인 집에 들어와서 살라고 했습니다. 그래도 신혼인데 도배장판은 우리 돈을 들여 이사를 했어요. 내 돈을 들였음에도 불구하고 집은 애착이 가지 않았습니다. 그래서 6개월 뒤 재건축 대상인 20평 남짓한 아파트를 매수하고 몸테크를 시작했습니다.
　몸테크는 투자 가치가 있지만, 다소 불편한 생활 환경일지라도 직접 들어가서 산다는 말로 사용되죠. 하지만 우리 이름으로 처음 마련한 집은 아이가 태어나니 생각보다 단점이 많았습니다.

　첫째, 소음.
　재건축 대상인 아파트들은 보통 실거주자 대신 세입자가 많습니다. 대문 여닫는 소리가 쾅쾅 심했어요. 집에 대한 애착이 없다고 생각했습니다. 잠을 많이 자는 아기에게는 최악이었어요.

둘째, 짐을 수납할 공간의 제약이 컸습니다. 아이가 있으면 기저귀, 물티슈 등 물건들이 많은데 수납공간이 부족했습니다.

이런 이유들 말고도 여러 가지 이유가 있었죠. 우리는 아이가 6살이 되던 해 "상급지 아파트 갈아타기"에 성공했습니다. 물론 대출을 내서요. 내 신용과 담보를 보고 돈을 빌려주는 아주 좋은 제도를 우리 부부는 저금리에 아주 잘 활용했습니다.

이사하는 날 이삿짐을 나르시던 사장님 말씀이 생각나네요.
"뭐 어디 로또라도 됐습니까? 보통 사람들은 이사할 때 비슷한 컨디션의 아파트로 이사를 하는데 몇 년 동안 이렇게 이사하는 집은 처음 보네요."

우리가 전 집보다 두 배나 넓은 아파트에 짐을 넣고 있으니 꽤나 신기했나 봅니다. 아파트를 구하고 팔고 부동산 대책으로 피 마르던 몇 달 간의 고충이 약간은 씻겨 내려갔습니다.

이사 온 집에 새 가전, 가구를 넣고 애정을 쏟았습니다. 아무것도 안 해도 햇살이 들어오는 거실에, 조용하고 층간 소음조차 없는 집 한가운데 누워 있으면 행복했어요. 거실을 제 공간으로 정했습니다.

안방과 아이 방, 남편 서재를 내어 주어 내 방은 없지만 뭐 어때요? 거실은 내 것으로 해 두죠. 거실에서 책도 보고 누워서 음악도 들었습니다. 밖에서 힘든 일이 있어도 집에 오면 치유가 됐고 집이 주는 안정감이라는 감정을 처음 느꼈던 순간이네요.

여러분은 힘들고 피곤한 일상을 치유해 주는 자기만의 공간을 확보하셨나요? 어디든 좋습니다.
식탁도 좋고 베란다의 작은 공간도 좋아요. 나를 위해 내 공간을 만들고 내가 좋아하는 것들로 채워 보시길 바랍니다. 그 공간에 있으면 행복해질 거예요.

4 ———————— 뜨거운 여름,
나를 갈아 넣은 시간

택배는 엄마를 춤추게 한다

아이가 어릴 때 훈육이 필요한 순간은 꼭 있습니다. 그럴 때 그 순간을 넘기지 말고 잘못된 행동이라고 알려 줘야 하죠. 우리 아이도 6살쯤 집에서 버릇없는 행동을 해서 제가 눈물 쏙 빠지게 훈육을 한 적이 있습니다.

그런데 알겠다고 하더니 자기 방으로 들어가 문을 쾅 닫는 게 아니겠어요? 6살부터 저러면 앞으로 어떻게 해야 될까? 화도 나고 당황스러웠습니다. 그리고는 문을 열고 문 앞에 갖고 놀던 인형을 아무 말 없이 무표정으로 던지기 시작했어요. 제가 반응이 없으니 인형, 공 등 장난감을 있는 대로 다 던졌습니다. 전 '무슨 말을 해야 될까? 내 훈육이 잘못된 걸까?' 머릿속이 까매졌어요.

20개 정도 물건들을 마구 던졌습니다. 그리고 종이도 찢어서 던지더라고요.

더 이상 참을 수 없어서
"너! 이리와! 왜 물건을 계속 던지는 거야? 나와 봐!"
이렇게 말하며 소리를 쳤습니다. 그러자 아이는
"으앙" 하며 울면서 방에서 나왔어요.

아이는
"택배 아저씨가 우리 집 문 앞에 택배 던지고 가잖아. 엄마가 문 앞에 있는 택배를 보면 춤추면서 가지고 와서 나도 내 장난감 엄마한테 택배 보낸 거야! 근데 엄마는 좋아하지도 않고."
라는 말을 했습니다. 생각지 못한 의도에 너무 놀라 3초 정도 멈춰 있었어요.
'아, 내가 너무 어른의 시선으로 아이를 보았구나.' 자기가 아끼는 장난감을 택배가 온 것처럼 선물이라 준 것이었고 자신이 좋아하는 물건이니 엄마인 나도 분명 좋아할 거라고 생각했다는 거였어요.
그리고 찢어진 종이에는 하트가 그려져 있었습니다.

아이는 자기만의 방식으로 사과를 하고 있었던 겁니다. 아이의 생각을 알고 나니 너무 미안해졌고 내가 한참 모자란 엄마라는 생각이 들었어요. 이런 일이 생길 때마다 '넌 그것밖에 안되는 인간이야.'라고 끊임없이 부모의 자질을 생각하게 만드는 것 같아요.

"그랬구나, 엄마가 네 생각을 몰라 줘서 미안해, 먼저 사과해 줘서 고마워. 그리고 앞으로 편지는 두 손에 쥐어 주고, 미안한 마음은 서로 눈을 쳐다보고 미안하다고 말을 해 줘야 해."라는 말과 함께 아이를 꼭 안아 주었습니다.

우리는 서로 가까이에 있지만 다른 언어로, 다른 방식으로 말하고 있는지도 몰라요. 가까운 사람일수록 아끼는 사람일수록 어떤 마음인지 한번 헤아려 보는 건 어떨까요?

엄마, 엄마, 엄마

"엄마? 엄마, 엄마!!"

하루에 백 번은 넘게 듣는 말이죠? 아이가 어릴수록 더 많이 엄마를 찾으니까요.

우리 아이는 자다가 잠에서 깨면 "엄마?" 이러며 제가 자는 쪽으로 기어와 옆에 딱 붙어서 잡니다. 제 겨드랑이에 자기 머리를 쏙 붙이고 자요. 그럴 때 꼭 안아 줍니다.

아침에 일어나면 "엄마?" 하고 또 부릅니다.
엄마가 같은 공간에 있는지 끊임없이 확인해요.

그리고 물건을 못 찾을 때, 냉장고에 감춰진 음식을 찾을 때, 배고파서 밥 달라고 할 때, 편의점 가자고 할 때, 모든 순간 "엄마"라는 말을 합니다.

5살 때까지는 너무 엄마를 찾으니까 '엄마 좀 쉬자, 그만 불러라.' 라는 생각했습니다.

9살이 된 지금은 혼자서 할 수 있는 일들이 꽤 많이 생기고 단순히 "엄마?"라는 말보다 조금 더 목적이 있는 말들을 하기도 하죠.

요즘은
"엄마, 이 유튜브 한번 봐 봐. 재미있어. 같이 보자."
"엄마, 흔한 남매에 치즈감자호떡이라고 있는데 어떻게 만드냐면 ~ 먼저 감자를 삶아, 그리고~ 우리 한번 해 보자."
"엄마, 그거 알아? 오늘 학교에서 유준이가~"
"엄마, 오늘 줄넘기 안 챙겨 가서 나 못 했어."
"엄마, 오늘 반에서 여자애들은 아이브 춤췄는데 남자애들은 우웩 해서 여자애들이 아이브 포카 던졌는데 남자애들이 쓰러졌다. 엄청 웃겼어."
"엄마, 나 수학 학원 안 가면 안 돼? 나랑 수학이랑 안 맞아."

9살이지만 여전히 엄마를 찾고 있네요.

그런데 언제부터인지 "엄마, 엄마!" 하며 날 찾는 소리가 듣기 좋아졌습니다. 나를 찾아 주는 사람이 있다는 게 감사한 일이라는 생각이 들었어요.

'사춘기가 와서 나를 본체만체하면 어떻게 하지? 나랑 이야기도 안 하려고 하면?' 주변에 큰 언니들을 키우는 엄마들이 '조금만 더

크면 사진도 같이 안 찍고 나만의 짝사랑이 된다.' 하고 말했거든요. 우리 딸이 그렇게 되면 조금 슬플 것 같아요.

그래서 나를 끊임없이 찾는 이 순간에 감사하고 조금 즐겨 보기로 했습니다.
"엄마, 엄마, 엄마."
"응, 엄마 여기 있어~"
오늘도 나를 찾는 소리로 내 하루가 가득합니다.

나를 변화시키는 사람들

말이 없고 차분한 성격.

어릴 적 집이 너무 엄격해서 집에서는 해야 하는 말만 하고 부모님과 소통은 많이 없었던 것 같아요. 예전 부모님들은 대부분 자식의 고민에 대한 공감, 이해보다는 통제하려는 경향이 컸죠. 전 어릴 때 부모님에게 불만, 불평을 이야기하면 "그런 말 하지 마라, 내가 얼마나 힘든데, 자식 키우는 거 힘들다."라는 이야기를 하셨던 것 같아요.

지금은 육아에 대한 유튜브, 도서가 많고 네이버에 검색만 하면 안 나오는 정보가 없으니 부모들이 자식의 양육에 대한 정보를 습득하는 능력이 뛰어납니다.

부모와 자식 간의 소통은 정말 중요하죠. 소통이 잘 안되면, 어떤 방향이든 그 불만과 스트레스가 표출되기 마련입니다. 전 어릴 때 부모님과 소통이 잘 안될 경우, 머릿속에 원을 그리고 그 안에 절 넣었어요. 그리고 그 사건을 제3자 입장에서 봅니다. 감정은 다 빼고 사건만 보죠. 그러면 이 일이 잘못된 일인지, 누가 원인인지, 앞으로 어떻게 할지 답이 나왔어요. 처음엔 시간이 오래 걸렸지만 하다 보면 빨리 결론이 나고 감정도 어느 정도 완화되었습니다.

그래서 안 좋은 일이 닥쳤을 때 차분하게 어떻게 할지 결정할 수 있었어요. 그리고 나를 제3자의 입장에서 바라보면 대부분 깔끔하게 결론이 납니다. 그리고 그 고민을 긍정적인 다른 무언가로 덮어 버려요. 어차피 벌어진 사건에 매여 있으면 마음만 병들 뿐입니다. 부정적인 마음을 키우는 것보다 그 시간에 영어 공부를 시작하는 게, 운동을 하는 게 훨씬 이익이라고 생각했어요.

그리고 사람은 상대방에게 어떻게 말하는지도 배워야 하죠. 말을 건강하게 하는 능력이 학습되면 좋은데 전 대학교 이후에 주변인들로 인해 사회성이 많이 길러진 케이스였어요.

대학교 때 같이 전공 프로젝트를 하던 선배님들은 저에게 "말을 명령조로 하면 친구들이 상처받으니 조금 더 부드럽게 말해 봐."라는 피드백을 했어요.

나의 언행에 조심스레 피드백을 주는 아주 멋진 선배들이죠. 그리고 항상 웃으며 다정하게 말을 하는 "H"라는 한 살 어린 후배에게도 많이 배웠어요.

친한 친구 "M"은 제가 고민을 이야기하면 먼저 듣고 이해하고 공감하고 가려운 부분을 잘 긁어 줍니다. 상대의 욕도 같이 해 주고, 같이 슬퍼해 주고, 걱정해 주고, 그리고 내가 너무 날이 서 있을 때도 알려 줘요.

아이가 태어나고 한창 육아 스트레스가 최고일 때 맛집 탐방을 하고 먹방처럼 즐겼던 "H"와 "Y"도 있었죠.

고등학교 때 노란 안경을 쓰고 농대를 졸업하고 서울에서 스턴트 일을 한 "G"라는 친구도 있습니다. 자유로운 영혼. 일만 하며 산 20대의 나에게 늘 새롭고 신기한 다른 세상의 이야기를 해 주는 친구였습니다.

부동산 투자에 아주 관심이 많아 말이 잘 통하는 "K", "J", "E" 3명의 친구도 있습니다.

여전히 불혹을 앞둔 지금도 전 주변의 여러 사람들의 영향을 받고 있어요.

내 주변의 사람은 정말 중요합니다. '내가 하루에 가장 자주 만나고 연락하는 5명 사람의 평균이 나'라는 이야기도 있잖아요.

내가 누군가의 영향을 받기 전에 누군가에게 좋은 영향을 줄 수 있는 사람이 되길 바라며, 내 주변인들의 좋은 점은 흡수하고 단점은 무겁게 보지 않기로 했습니다.

여러분은 어떤 누군가에게 어떤 좋은 사람인가요?

나의 trigger

 다이어트, 운동, 공부 목표를 세우고 그 목표를 달성할 때까지 열심히 노력한 경험, 다들 한 번씩 있으시죠? 전 아이를 낳고 몸무게가 9kg 정도 쪘는데 5년간 정말 안 빠지더라고요. 결혼반지는 안 맞았지, 손목, 무릎, 허리는 아프고, 운동할 체력도 안 되지, 또 아이를 재우고 밤에 먹는 통닭과 맥주는 어찌나 맛있던지 살이 빠질 수가 없었죠.
 그렇게 '다이어트 해야 하는데….'라는 다짐만 하던 때,

 2019년 「나 혼자 산다」라는 프로그램에서 만화가 "K"님이 화보 촬영을 위해 다이어트와 운동을 하는 모습이 방영되었어요. 전 평소 "K"님의 팬인데, 저와 비슷한 나이대라 공감 가는 일상이 꽤 많았습니다. 15일간 체육관-회사-집을 오며 가며, 독하게 운동하고 식단 관리하는 모습에 '난 왜 저렇게 못할까? 이번엔 나도 꼭 다이어트를

성공해야지.'라는 다짐을 했습니다.

"K"님이 운동하는 방송만 100번 이상 봤어요. 그리고 다이어트 식단과 운동을 시작했습니다.

무릎과 허리가 아프니 먼저 만 보 걷기부터 시작했어요. 사무실에서 일하는 직장인이 만 보를 걷는 건 의식적으로 생각해야 할 수 있는 일이었습니다.

새벽에 일어나서 20분 동네 산책을 하거나, 거실에서 뉴스를 보며 빙빙 돌며 걷기를 했습니다. 새벽에 3천 보를 걷고, 점심은 간단히 먹고 50분 동안 회사 주변의 공원을 빠른 속도로 산책했어요. 오후 2시까지 8천 보를 걷고, 저녁을 먹고 또 4천 보 이상 걸었습니다.

자기 전에 만보기 앱을 체크해 보면 만 보 이상 걷고 2만 보 이상 걷는 날도 많아졌어요.

다이어트는 인풋이 제일 중요하지요. 아침은 사과 한 알, 점심은 음식은 가리지 않고 양을 적게 먹었습니다. 음식을 가리지 않고 먹되 양은 종이컵 정도로 유지하고, 저녁은 탄수화물은 먹지 않고, 단백질만 섭취했어요.

만 보를 걷고 6개월 정도 이후부터 근력 운동도 시작했습니다. 근력 운동을 할 때도 "K"님이 운동하는 영상을 틀고 의지를 다졌던 것 같아요. 마치 운동을 같이하는 친구처럼. 그리고 매일 만보기 앱을 캡쳐한 뒤 인○○그램에 올리기 시작했어요. 제 인○○그램은 친구들만 볼 수 있는 상태인데, '내가 이렇게 매일 만 보 이상을 걷고 있다.' 라는 게시물을 올리면 나와의 약속을 지킨 것 같아 뿌듯했습니다.

만보기 앱 캡쳐 사진은 2년 동안 제 인○○그램에 매일 올라갔어요. 퇴근하고 소파에 엉덩이 붙이고 늘어지고 싶을 때 제가 어제 올린 인○○그램에 '좋아요' 버튼이 눌려졌고, 지인들의 그런 연속적인 피드백에 만 보 걷기를 계속하게 되었던 것 같아요.

마치 다른 회로에 적당한 계기를 부여하여 필요한 작동을 일으키는 trigger처럼요.

인○○그램이라는 trigger와 "K"님 덕분에 일 년 반 정도가 지나자 10kg 감량이 되었습니다.

3kg 빠지면 턱 선이 달라지죠, 그리고 서서히 5kg, 7kg 감량이 되어 66사이즈에서 55사이즈로 바뀌었어요. 55사이즈로 바뀌게 되니 예쁜 옷도 입고, 내 몸을 사랑하게 되고 먹는 음식에 대한 욕심이 많이 없어졌습니다.

이제 만 보를 의식하지 않아도 걷는 건 습관이 되었어요. 체크하지 않아도 일일 만 보 이상을 걸을 수 있고, 몸에 맞는 습관이 되면 인○○그램에 올리지 않기로 했어요. 10kg 감량한 몸무게도 지금껏 유지하고 있습니다. 전 지금도 인○○그램을 trigger처럼 사용합니다.

지금 제가 하고 싶은 건 자유로운 영어 회화로 새벽마다 30분 정도 공부를 하고 영어 공부 완료샷을 찍어서 인○○그램에 올립니다. 243일째 휴일도 쉬지 않고 trigger를 걸고 있어요.

여러분도 자신만의 방법으로 trigger를 한번 걸어 보는 게 어떨까요? 생각보다 멋진 꾸준한 내 모습을 발견할 수 있을 거예요.

일상을 살아 내는 힘

전 35세부터 주기적으로 위, 대장 내시경 검사를 했는데 3년 전에 대장에 용종이 3개가 있어 제거했고, 위에도 용종이 몇 개 발견되었어요.

'몇 년 뒤 제거해도 된다.'라는 의사선생님의 소견으로 23년 따뜻한 봄날, 어느 금요일에 병원에 입원했습니다.

위 용종은 대장 용종과는 달리 제거 시 출혈이 발생하면 위험해서 며칠 입원한다고 설명하셨고, 코로나로 인해 면회 금지, 몸이 불편하면 간병인을 신청하라고 하셨습니다. '위 용종 떼는 데 하루면 충분하지 뭐.'라는 생각으로 병실에서 환자복으로 갈아입고 수액을 맞고 기다렸습니다.

잠시 뒤 이동 침대에 누우라는 간호사 선생님의 말씀에, '멀쩡한데, 걸어서 가면 되지 않을까?' 싶었지만, 전 침대에 누워 이리저리 이동했습니다.

병원 천장 유리에 비친 모습을 보니 누워 있는 모습이 꼭 중증의 환자처럼 보였어요. 이때부터 약간 기에 눌렸습니다. 병원은 안 아플 때 가도 항상 그 분위기에 압도당합니다.

모두가 다정한 말투지만 무거운 분위기예요.

잠시 뒤 의사 선생님께서 오셨고 "잘해 봅시다."라는 말과 함께 시야가 어질어질, 눈 떠 보니 의사 선생님은 "용종 제거는 잘되었고 7개나 제거했어요. 한 개는 커서 제거하다가 출혈이 좀 있었어요." 하며 걱정스레 말씀하셨습니다.

'7개라니, 내 위에 용종이 그렇게 많았던가.'

다시 침대에 누워 병실로 이동했습니다. 큰 문제없이 끝났다고 생각하니 아드레날린이 마구 쏟아져 나오며 기분이 좋았습니다. 책도 읽고 몸이 굉장히 피곤한 것만 빼고는 다 괜찮았습니다. 휴가라 생각하고 계속 누워서 잠만 잤어요. 간호사 선생님께서는 계속 병실에 오셔서 체크했습니다.

간단한 시술은 아니었나 싶어요. 다시 잠에 들었습니다. 병실은 2인실이었는데, 혼자 있어 아무 말도 하지 않고 잠만 자니 축 쳐지더라고요.

아침이 밝았고 어서 병원을 탈출하고 싶었습니다. 간호사 선생님은 대변을 확인해야 퇴원할 수 있다고 했어요.

'위 내시경 때문에 이틀 동안 물도 못 먹었는데 What?'

"선생님, 저 못 기다려요. 퇴원하고 싶어요."

"위 용종 제거 시 출혈이 있어서 십 분 뒤 CT 찍어야 됩니다. 출혈이 발생하면 위험해서요."

전 퇴원을 위해 무엇이든 하겠다고 했습니다.

긴 통 안에 누워서 시키는 대로 했어요. "숨 참으세요. 쉬세요." "이제 약 들어갑니다. 힘드실 거예요 참으세요." 하는데 진짜 약물이 들어가고 온몸의 혈관들이 다 터질 것 같고 머리부터 발끝까지 몸이 뜨겁게 타올랐습니다.

그 와중에 「불타오르네」 노래가 생각나서 저도 어이가 없었어요.

'어서 버티고 나가고 싶다.'라는 생각만 들었습니다. 다행히 검사는 자괴감이 느껴지지 않을 정도로 끝이 났습니다. CT를 찍고 대변도 꼭 확인해야 된다고 해서 한참 기다렸어요.

몇 시간 뒤 퇴원하라고 문자가 왔고 2주치 약을 받고 퇴원수속 후 바로 집으로 왔습니다.

1박 2일 홀로 극기 훈련한 것 같아요. 집에 짐을 두고 남편과 딸이가 있는 카페로 갔습니다.

병원을 나오는 순간 느꼈어요. 내 옷을 입고, 내 발로 걷고, 어디든지 갈 수 있는 이 자유. 내 의지대로 일상을 살아 내는 힘이 얼마나 소중하고 강한지 실감했던 날이었습니다.

여러분, 우리 건강 검진은 미루지 맙시다.

5 ——————————— 가을, 가을걷이

치킨과 엥겔 지수

    요즘 대부분의 치킨 한 마리가 2만 원을 훌쩍 넘고 배달비까지 지불하면 그 이상이죠.
    우리는 치킨 한 마리가 3만 원을 향해 가는 시대에 살고 있습니다.
    2004년도, 대학교 때 선배들과 친구들이 늘 하는 말이 있었는데 "어우 치킨은 진리지~ 치킨 시켜 치킨! ○○○ 두 마리."
    12,000원에 2마리가 배달되는 ○○○ 두 마리 치킨은 돈 없고 배고픈 대학생들이 주로 먹는 배달 음식이었고, 그 당시 배달비라는 개념은 아예 없었기 때문에 ○○○ 두 마리 치킨과 소주 한 병, 자두 맛, 복숭아 맛이 나는 ○피스라는 큰 우유갑에 든 음료를 사면 만 오천 원 정도에 배부르게 먹었던 기억이 납니다.

    ○○○ 두 마리는 순살로 시키면 뼈도 없고 쓰레기 처리도 간편하죠. 후라이드 반, 간장 반, 양념 반 이렇게 배달시키는 것이 국룰이었

고, 동아리 방, 친구 집, 하숙집에 삼삼오오 모여 돌아가며 치킨을 시키는 탓에 어떤 날은 치킨으로만 삼시 세끼를 때운 적도 있었습니다.

지금은 치킨 한 마리를 시키면 4인 가족이 먹기에 많이 모자라죠. 특히 아들이 있는 집들은 초등학교 고학년만 되어도 치킨 한 마리는 거뜬히 다 먹으니까요. 2마리 이상은 시켜야 엄마, 아빠도 조금 거들 수 있을 것 같아요.

오늘 저녁은 뭐해서 먹나? 매일 고민하는 게 아줌마 '국룰'입니다. 밥 차리기 너무 귀찮고 퇴근하니 뭘 만들어 먹기도 지쳐 오랜만에 ○○치킨을 시켰습니다. '우리 집은 엥겔 지수가 낮으니 시켜도 된다.'라는 혼자만의 정당화를 하고, 치킨을 기다리는데 문득 왜 엥겔 지수가 낮은 거지? 라는 의문이 들었습니다. 엥겔 지수를 다시 계산해 보았습니다. 엥겔 지수가 6% 이하로 계산이 되었고 '이 정도면 안 먹고 사는 건가?' 싶은 생각이 들었어요.

엥겔 지수가 왜 낮은가에 대해 조금 더 심층 있는 분석을 혼자 해 봅니다.
치킨이 올 때까진 심심하니까요. 그 이유는 생각보다 심플했어요.
❶ 우리 가족은 소식을 합니다.
❷ 저녁 먹고 절대 야식은 먹지 않습니다. 최근 5년 동안 야식을 먹은 기억이 없네요.
❸ 매일 새벽 세끼 먹을 밥을 하고 남으면 햇반을 추가해서 볶음밥을 만들어 먹어요.

❹ 주 2회 미역국 또는 된장찌개를 끓입니다. 국을 끓여도 딸아이를 제외하고 거의 먹지 않아요.
❺ 집 주변에 시장이 있는데 제철 과일은 시장에서 주 3회, 1~2만 원 내에서 산 뒤 다 먹고 다시 구매를 합니다. 대형 마트는 굳이 가지 않아요.
❻ 냉동식품을 사랑하는 건 필수구요. (아, 대형 마트는 상품권이 들어오면 냉동 만두, 돈가스 사러 갑니다.)
❼ 비싼 제철 해산물은 1~2달에 1회 정도 먹습니다.
❽ 마땅히 먹고 싶은 음식이 없다면 시장에서 파는 한 줄 3,500원짜리 김밥을 먹습니다. 시장 김밥에는 각종 야채와 햄이 가득 들어가 있어요. 탄.단.지 밸런스 아주 중요하니까요.

제일 중요한 건 우리 부부는 돈을 많이 쓰고 음식을 많이 남기는 걸 '극혐'한다는 거예요. 맛이 없는데 비싸서 못 먹고 버리는 음식을 보면 아주 기분이 안 좋아요.
특히 과대 포장 용기를 보는 순간 입맛이 뚝 떨어질 만큼 포장이 과하다고 생각될 때도 있지요. 먹기 전에 쌓인 플라스틱 용기를 보면 이 음식을 먹으려고 쓰레기가 많이 쌓이는구나, 분리수거를 또 해야 되는구나 싶어 답답해지곤 합니다.

오늘 시킨 ○○치킨도 우리 가족 3명이 달려들었지만 9조각이나 남았네요. 냉장고에 살포시 보관해 둡니다. 내일 전자레인지에 돌려 먹으면 맛있어요.

엥겔 지수가 낮은 건 좋은 일인데, 식비가 적게 드는 건 좋은데, 그럼 돈은 다 어디로 갔을까요?
 의문으로 가득 찬 치킨 먹는 날입니다.

진급에서 멈추면 안 되는데

"다음과 같이 인사 명령합니다."

라는 내용의 메일 캡처 사진이 카톡으로 왔습니다.
 남편이 회사에서 진급했다는 메일이었어요. 몹시 기쁘고 고생했다고 말을 해 주었는데 갑자기 오늘 새벽에 꾼 꿈이 생각났습니다.

 전 평소에 꿈이 아주 잘 맞는 편이고 예지몽을 잘 꾸는 편인데 어젯밤 꿈에서 S전자의 회장님이 나왔었거든요. 회장님은 친히 우리 집에 방문하셔서 저랑 손도 잡고 식사도 같이하고, 집을 둘러보더니 욕조, 테이블 등 가구를 선물이라고 주셨어요.
 그리고 보름달이 환하게 뜬 밤에 회장님과 전 물이 잔잔하고 넓은 계곡으로 갔고 회장님은 검정색 양복바지를 무릎까지 걷고, 흰색 셔츠의 소매를 둘둘 걷은 다음 큰 바위에 앉아 발만 담그고 책을 보았습니다. 휜한 달빛으로 독서가 가능했던 한적하고도 평화로운 꿈이었어요.

꿈은 아주 디테일하게 생각이 났습니다. 졸졸 흐르는 계곡물 소리, 풀잎이 바람에 흩날리는 바스락 소리, 흰색 나비가 날아 다니는 모습 등.

꿈을 꾸면서도 '횡재하는 꿈이구나.'라는 생각에 기분이 몹시 좋았어요. 꿈 해몽을 해 보니 돈이 들어오는 꿈, 로또가 당첨되는 꿈이라는 해몽이 많았습니다. 실제로 재벌과 밥 먹는 꿈을 꾸고 로또 1등 당첨됐다는 내용도 있었어요.

가슴이 두근두근했습니다. 이번 주 로또 1등 되려나?

당장 동행 복권 사이트를 열고 로또 5장을 샀습니다.
전 매주 로또 천 원씩을 사는데 항상 같은 번호로 구매합니다. 남편 생일, 나의 생일, 아이 생일의 월, 일로 6개의 숫자를 조합해 로또를 사는데. 5년 정도 같은 번호로 샀어요. 5등이 2번 당첨되었고 아무래도 매주 랜덤 숫자보다는 같은 숫자로 사는 게 확률이 더 높을 것 같고, 언젠가는 당첨되지 않을까 해서요.

로또 발표일, 로또는 다 낙점이었어요.
'분명 꿈이 좋은데, 진급에서 그칠 꿈이 아니야. 내가 쓰고 있는 이 글들이 대박 나려나?' 그건 로또보다 힘든 일인데, 아쉽고 아까웠습니다.

To. 남편

진급 축하해 그런데 진급에서 그치면 안 돼.

"로또는 이미 낙점이니 내가 지금 작성하는 초고를 불태워 볼게. 이제 이 글만 남은 거지? 어깨가 무겁다."

신이 만든 음식, 라면

전 평소 라면을 정말 좋아합니다. 라면은 신이 만든 음식 같아요. 라면 봉지에 적힌 물 용량과 면, 스프를 넣고 끓이면 빠르고 간단한 완벽한 음식이 되니깐요.

그리고 전 분식집에서 파는 라면보다 봉지 라면을 직접 끓여 먹는 것, 컵라면 먹는 걸 더 선호합니다.

분식집 라면은 사장님의 손맛에 따라 맛이 달라져요. 물을 정량보다 더 넣고, 만두, 떡을 넣고, 계란을 휘젓고, 그런 조건에 따라 제가 좋아하는 대기업의 라면으로 끓였지만 그 맛이 확 달라졌어요. 가끔 스프도 대용량으로 받아서 사장님의 취향에 따라 국자로 넣는 곳도 있더라고요.

컵라면은 물만 표시선까지 맞추면 항상 일정한 맛을 냈어요. 컵라면의 큰 컵, 작은 컵 맛이 조금씩 다른 것도 아시나요? 작은 컵이 조금 더 짜고 맛있더라고요.

아이가 폐렴으로 2년간 입원 퇴원을 반복했을 때 병원 편의점에서 라면 도장 깨기도 했습니다.
신메뉴는 항상 나오니까요. 2년간 라면 도장 깨기를 한 뒤 저의 최애 라면은 3가지로 추려졌어요.

1위는 열라면
2위는 진라면 매운맛
3위는 신라면

오리지널은 이길 수가 없나 봅니다. 매운 음식을 좋아해서 저 지금도 3가지의 라면을 로테이션으로 골라 먹어요.

2023년 4월 위 용종 제거 후 위궤양 약을 약 50일 정도 먹었고, '약 먹을 때 인스턴트 음식과 커피를 줄여야겠다.'라고 다짐했어요. 4월, 5월, 6월 매운 라면을 안 먹다가 6월의 마지막 날 제 최애 라면을 끓여 보기로 다짐했습니다.

열라면을 생각하니 퇴근 10분 전부터 들떴어요.

집에 가자마자 물을 올리고, 스프를 넣고, 물이 끓을 때 면을 넣고,

송송 썰어 놓은 대파와 간 마늘 한 숟가락, 계란을 톡 깨어 넣었습니다. 계란은 풀지 않아요. 전 계란이 막 풀려 있는 것보단 한입에 동그란 노른자가 쏙 들어와서 입 안 가득 노른자가 느껴지는 게 훨씬 좋거든요.

  2분 정도 끓이고 꼬들꼬들하게 먹는 그 맛이란!!

  배신 따위는 모르는 라면입니다. 먹을 때마다 감탄하게 만들어요. 입맛은 저급하지만 삶의 만족도는 최고인 순간이었어요. 신이 내린 음식 라면, 행복을 주는 라면입니다.

  여러분들에게 신이 만든 음식은 무엇인가요?

커피는 위궤양을 남기고

라면 못지않게 제가 좋아하는 음식 중 하나는 커피입니다.

나의 20대, 하루에 5잔 이상은 자판기 커피를 마셨어요. 아침 업무 시작하기 전 한잔, 쉬는 시간 때 한잔, 점심 먹고 한잔, 회의에 참석하면 무조건 한잔, 저녁 밥 먹고 한잔.

커피에 중독된 날들이었지요. 이직해서도 변화는 없었어요. 바뀐 건 자판기 커피가 아닌 원두를 내린 커피, 내가 타 먹는 믹스커피라는 것.

혈관을 커피로 수혈했다 할 정도로 자주 마셨습니다.
저렇게 마셔도 밤에 잠도 잘 잤어요. 신기했죠.

하지만 위의 혹을 7개나 제거하고 위궤양 약을 50일 먹는 시점에

혈관에 커피를 때려 넣을 순 없었습니다.

커피를 많이 줄였어요. 약을 먹는 동안은 0잔, 약을 다 먹고 2주 후부터는 믹스커피 한잔으로 나 자신과 협의를 봤습니다. 커피가 먹고 싶어 미칠 지경이었지만, 커피를 안 마시는 50일 동안 몸의 놀라운 변화 때문에 1일 1잔으로 협의를 했죠.

먼저 속에서 올라오던 냄새가 말끔히 사라졌습니다.
아침에 자고 일어나면 나는 구취가 거짓말처럼 없어졌어요.

두 번째, 속에서 부글부글 끓는 소리가 없어졌어요.
위, 장에서도 물소리처럼 났던 소리들이 사라졌습니다.

조용한 사무실에서 배에서 물소리가 나면 굉장히 민망하지요. 옆에서 일하는 사람이 "너 배 괜찮아?" 할 정도로요.

지금은 '점심 먹기 전 오전에는 마시지 않는다.', '오후에 믹스커피 한잔을 마신다.'라는 저만의 룰을 정해 두고 잘 지키고 있습니다. 물론 속에서 올라오는 구취와 배 속의 소리도 안 나고요. 이런 현상들이 커피 때문이었다고 생각하니 하루에 5잔 넘게 10년 이상 고생한 내 위에게 미안해졌습니다.

여러분들도 저처럼 몸의 무언가를 혹사시키고 있진 않은지 한번 살펴봐 주세요.
몸은 한방에 훅 갑니다. 우리 건강하게 롱런하자고요.

내 마음의 보강판

　제가 25살, 그러니까 한창 김말이 팀장님에게 욕으로 돌돌 말리고 있을 때 회사에 크게 사고 친 적이 있었습니다. 그 당시 전 출하 검사 담당으로 새로운 아이템을 맡았는데, 휴대폰 부품 중 FPCB 슬라이드 커넥터가 달린 제품이었어요. 검사 항목으로 슬라이드 커넥터의 두께를 잡았는데, 양산품까지 일정 수량 출하를 하고 나서 불량이 발생됐습니다.

　휴대폰 세트의 전원이 켜졌다 안 켜졌다 하는 전원 불량으로 전수 불량이었습니다. 납품된 전체 LOT 수량이 문제였고, 이미 고객사에서 완성형으로 조립된 재고, 고객사로 납품은 되지 않은 회사의 재고의 처리가 문제였어요.

　불량 원인은 슬라이드 커넥터와 상대물의 형합 문제였어요. 즉, 커넥터 두께가 얇아서 상대물과 체결했을 때 유격이 생겨 접점이 되면 전원이 켜지고 아니면 꺼졌던 겁니다.

품질 부서, 연구소, 영업 부서가 난리가 났습니다.
이미 고객사에서 폰으로 조립된 제품 비용이 몇 억을 넘었고, 고객사 납품 수량과 일정을 맞추기 위해선 현재 보유한 재고 수리가 필요했어요. 제가 김말이 팀장님 앞에 서서 한 시간 이상 욕을 듣는 건 일도 아니었습니다.

유관 부서가 모여 대책 회의를 실시했고, 다행히 제 사수가 개선안을 냈어요. 사고는 막내가 쳐도 해결은 항상 위에서 하니까요. 대책은 얇은 필름 자재를 보강판으로 부착해 두께는 보상하는 것.

저 당시에 휴대폰 사업이 호황이라 제조 부서는 많이 바빴고, 주말에 수리 작업을 실시했어요. 한 달 정도 토, 일 8시간 제조과에서 수리를 실시했고, 전 검사 항목을 제대로 검토하지 않은 죄로 제조과에서 작업하는 모습을 모니터링하고 검사 현장에서 두께 검사하는 것도 모니터링했습니다. 월 화 수 목 금 금 금 같은 날들이 계속되었어요.

고객사에서는 설계 시 해당 문제가 발견되지 않고 양산까지 넘어간 것에 어느 정도의 책임을 지고 어느 정도는 우리 회사에 책임을 물었던 것으로 기억이 납니다.

전 시말서를 써서 냈고, 해당 제품을 설계한 연구원은 3개월 감봉을 받았어요.

그때 참 지옥 같은 순간을 잘 넘겼던 것 같습니다.
저의 제품에 대한 모자란 지식과 안일함에 많은 사람들이 힘들었어요. 지금 생각해도 아찔합니다. 전 저 사건을 뒤로 조금 더 제품을 꼼꼼하게 검토하는 습관이 생겼습니다. 의심에 의심을 마다하지 않는.

큰 사고를 치긴 했지만 제 스스로 마음에 보강판을 붙이고 회사를 그만두지 않았어요. 아무 생각 없이 긍정적인 건 세계 최고입니다. 이렇게 퇴사하면 안 될 것 같았어요.

여러분들은 때론 내가 일으킨 큰 문제에 나를 너무 극한으로 몰고 가거나 자책하지 않나요? 물론 아무 생각이 없으면 안 되지만 나에게 관대해질 필요는 분명 있습니다. 문제가 발생된 이 순간만이 내 인생의 전부는 아니니까요.

마음에 보강판을 스스로 부착하신 적 혹시 있나요? 없다면 이제부터 스스로 보강판을 부착하시고, 마음의 두께를 키우길 바랍니다.

온탕과 냉탕 사이

회사에서 커넥터 불량이 난 뒤 전 출하 검사에서 선행 품질로 파트가 바뀌게 되었어요. 선행 품질은 제품의 개발 단계에서 품질 문제를 미리 검토해서 양산 시 불량을 막자는 의도로 신설된 부서였죠.

출하 검사에서 일할 때 커넥터 수리 개선안을 낸 사수는 저보다 7살 많은 "Y" 사수였습니다.
김말이 팀장님과 쌍벽을 이룰 정도로 저를 야단쳤고, 자주 화를 내며 업무를 알려 주셨습니다.
그거 아시죠? 때리는 시어머니보다 말리는 시누이가 더 밉다고.

그런데 선행 품질로 가면서 사수가 바뀌게 되었습니다.
부처님 같은 온화한 미소를 장착하고 드라마 「나의 아저씨」에 나오는 이선균 같은 다정한 사수였어요. 개발 부서에서 수년간 일한 뒤 품질로 오신 분이라 제품에 대한 지식이 해박했고 제가 모르는 부분은 화를 내지 않고 잘 알려 주셨습니다. "O" 사수와 같이 일하며 제품에 대한 지식을 많이 습득했어요.

개발 부서와 품질 부서는 항상 앙숙이죠. 개발 부서에서는 초반에 저에게 "네가 뭔데 우리가 설계한 제품을 검토하냐?"라는 뉘앙스를 강하게 어필했고, 그때마다 "O" 사수는 방패막이가 되어 주었습니다.

'여기서 잘못하면 물러날 곳이 없다.'라는 생각을 했습니다. 회사에서 매번 사고를 치지만 '더 이상 칠 사고도 없다.'라는 생각이 들면서 다방면으로 제품에 대한 지식을 모았어요. 방진복을 입고 제조과의 샘플 라인에 들어가서 생산하는 것을 모니터링하고, 일일 샘플 불량을 수거해 분석하고, ppt로 불량의 원인과 대책을 작성해 유관 부서에 메일로 보내고.

그렇게 일 년 이상 업무를 하니 양산 전에 개선되는 내용도 많고 유관 부서에도 개발 단계의 문제점을 미리 알고 있어 양산 시 해당 이슈가 발생하면 대처하기가 쉬웠던 것 같았어요.
물러날 곳이 없는 자는 용감했고 회사에서도 제 업무를 인정해 주며 제 입지는 굳어져 갔습니다.

"Y" 사수는 제가 파트를 옮겨도 자주 불러서 제품의 정보를 물어보았고 마냥 냉탕의 온도가 아닌 온탕의 온도로 저를 대해 주셨습니다.

반대로 "O" 사수가 냉탕일 때가 있었는데 후배를 혼내는 제 모습을 보며 "후배가 잘못했을 땐 잘못된 사실만, 감정은 빼고 앞으로 어떻게 할지 알려 줘라."라는 것이었죠.

출산하고 이직할 때 "Y" 사수는 저에게 "일이 조금 수월한 타 부서로 가면 계속 회사를 다닐 수 있겠어?"라는 제안을 하셔서 많이 놀라기도 했어요.

사람에게 화를 내지 않고 정확한 업무 전달을 하도록 알려 주신 "O" 사수님.
저를 호되게 야단쳤지만 사람과 일을 쪼는 법을 알려 주신 "Y" 사수님.

그 당시의 일이 시간이 지나도 많이 기억이 납니다.

두 사수는 냉탕과 온탕을 오고 가며 제가 성장할 수 있게 많은 도움을 주셨습니다. 20대에 좋은 사수분들을 만나 지금의 제가 있는 것 같아서 때때로 웃음이 나고 감사한 마음이 들기도 합니다. 제 애증의 20대라고 할까요? 고맙고 아련하지만 그때로 돌아가라라면 돌아가고 싶지 않은?

여러분은 지금 냉탕, 온탕 어디에 계신 가요? 또 누군가에게 뜨겁거나 차갑진 않나요?

삶의 매 순간이 시험, 그리고 선택의 연속이라면

　제가 첫 직장에서 본업도 하며, 추가로 더해진 일이 있었는데 바로 월간 품질 회의에 사용되는 회의 자료를 작성하는 일이었어요.
　한 달에 한 번 하는 품질 회의에는 품질 관리 담당자가 약 15명, 회사 사장님, 상무님, 이사님, 연구 팀장님, 그 외 유관부서장님, 협력 업체 대표님을 포함해 약 40명 정도 되는 인원이 회의에 참여하였고, 중국과 베트남 지사의 품질 담당자들이 화상 회의로 참석한 규모가 꽤 큰 행사 같은 회의였습니다.

　회의 2주 전 제가 먼저 안건을 먼저 체크합니다. 수입 검사, 출하 검사에서 이슈화된 불량, 고객사 전달 사항 등이 있는지 확인해서 안건에 넣은 뒤 김말이 팀장님에게 보고를 해요.

　"그걸 왜 안건에 넣어, 빼!"라는 말을 하는 선배들도 있었습니다.

사장님, 상무님 앞에서 발표하는 건 기회이지만 자료도 만들고 질문에 답변도 해야 되고 여간 부담스러운 자리가 아니었으니까요.

그리고 사장님께서 말단 사원부터 근무를 하시고 현 자리에 오르신 분이라, 제품과 생산, 유관 부서의 관계를 아는 총기가 가득한 분이셨습니다. 모르는 사람은 쉽게 속일 수 있어도 잘 아는 사람 앞에서 하는 말은 굉장히 부담이 되기 마련이죠.

김말이 팀장님은 제가 만든 월간 품질 실적 ppt 자료를 부서장으로서 발표를 했습니다. "이번 달은 불량이 몇 건 발생됐고…."라는 아나운서 같은 발표였는데 꽤나 하기 싫어하셨던 걸로 기억이 납니다.

그러던 어느 날, 평소와 같이 회의를 했고 이제 마지막, 품질 실적만 남았습니다.

품질 실적은 항상 회의 마지막 순서였어요. '이것만 하면 끝이다.'라고 생각하는 순간,
김말이 팀장님은 저에게 종이에 뭔가 적어 주셨습니다.
"품질 실적 네가 발표 가능?"
'뭐지? 갑자기, 회의 당일에 발표가 몇 분 안 남은 이 상태에서 나보고 하라고?'
전 "네"라는 답은 하지 않았지만, 침묵은 긍정의 의미라고 팀장님은 생각하신 것 같아요.

"오늘 실적발표는 ○○○이 준비했습니다." 팀장님의 멘트가 끝나고 "안녕하십니까? 이번 달 품질 실적 발표를 맡은 ○○○입니다." 제가 일어섰습니다.

최대한 떨지 않게 보이기 위해 배에 힘을 주고 또박또박 발표를 했던 것 같네요.

다행히 무사히 회의는 끝이 났고, 온몸에 힘이 쫙 빠졌습니다.
150분 회의 마지막에 게임 끝판 왕 '쿠파'가 기다리고 있었네요.
뭐 괜찮습니다. 무사히 끝났으니까요.
"하하하, 역시 품질 관리야!" 김말이 팀장님의 호탕한 웃음소리가 멀리서도 들려왔습니다.
"잘했다. 앞으로 계속 네가 해."
그 뒤로 전 품질 실적까지 발표하는 '슈퍼마리오'가 되었습니다.

인생이 언제 어디서 튀어나올지 모르는 테스트의 연속만 있다면 정말 피곤한 일입니다.
거기다 그 결과에 따른 추가적인 일들이 생긴다면 많이 힘들죠.

그때 김말이 팀장님은 발표가 하기 싫어서 쪽지를 보냈을까요? 저를 키우기 위해 그랬을까요?
전 그때 왜 강하게 "안 됩니다."라는 말을 하지 않았을까요? 저도 기회라고 생각했던 걸까요?

확실한 건, 기회는 순간적으로 오고, 본능적으로 선택해야 하는 순간들이 분명 있다는 거예요.

우리는 그 기회를 잡기 위해 항상 준비하고 있어야 하는지도 모릅니다.

그래서, 하고 싶은 게 뭐야?

"하고 싶은 게 뭐야? 커서 뭐 하고 싶어?" 어릴 때부터 고3 때까지 무수히 많이 들었던 질문이죠.

고3을 떠올려 보면, "난 선생님하고 싶어서 교대 갈 거야.", "난 국군간호사관학교에 가서 간호 장교가 될 거야." 이렇게 뭔가 명확하게 하고 싶은 게 있는 친구들도 있었지만 저를 비롯해 제 친구들은 "몰라, 하고 싶은 게 없네.", "점수 맞춰 대학부터 가지 뭐.", "근데, 대학 가야 되냐?" 이렇게 생각을 하는 친구들이 대다수였던 것 같습니다.

제가 그랬어요. 전 정말 학창 시절에 하고 싶은 것이 없었습니다. '이 일은 좀 괜찮아 보이는데.' 싶다가도 '에이 별로네.' 하는 순간들이 많았던 것 같아요.

전 학창 시절에 반에서 중간을 맡았고, 시험을 잘 보면 중간에서 약간 앞의 포지션에서 놀던 학생이었습니다. 공부를 독하게 한 적도 없는 것 같아요. 남들이 다 하니까 야간 자율 학습에 참석을 했고, 하지만 10시까지 학교에서 야자를 한들, 하고 싶은 공부만 하거나, 만화책을 보거나, 음악을 듣거나 잠을 자거나, 싫어하는 과목 수업 시간에는 머릿속으로 딴생각을 하며 시간을 보냈던 것 같습니다.

그리고 수능을 쳤고, 원서를 내기 직전에도 어디에 넣어야 될지 선택을 못했어요.

그 당시 친하게 지냈던 친구 한 명이 골라 준 대학에 원서를 넣었습니다.

"공대가 취업이 잘된대. 공대 가 봐, 네 점수로는 여기여기 넣으면 안전하게 붙긴 하겠다."

그렇게 안전한 커트라인 점수대의 공과 대학 3곳에 원서를 넣었고, 다 합격했습니다.

안전하게 2곳, 내 점수보다 높은 곳 1곳 이렇게 원서를 넣을 법도 한데, 그때는 아무 욕심이 없었던 것 같아요. 그리고 붙은 3곳의 대학교 중 집과 제일 먼 곳을 선택했습니다.

집과 떨어진 대학교 생활, 그나마 변화가 많을 것 같은 선택이라고 생각했죠. 제 의지와 상관없이 들어간 대학교는 생각보다 재미있었습니다.

경상남도 진주에 있는 국립대학이었고, 공과 대학은 학교 정문에서 15분 정도 평지를 걸어야 도착하는 아주 드넓은 학교였습니다. 전 공대까지 걸어가는 길이 참 좋았던 것 같아요.

1학년 1학기 때는 과 동기 친구들과 술을 엄청 마셨고, 국내 닭들을 몰살시키듯이 치킨을 먹었고, 술과 함께 우정을 불태우던 방랑자 같던 시절이었습니다. 그러나 딱 1학기가 지나자 그런 생활은 재미가 없더라고요. 대학교 생활이 이런 것이 다라면 당장 휴학계를 내고 싶었습니다.

2학년이 되고 전공 수업을 들으니 고3 때 공부했던 것보다는 조금 재미가 있었어요. 그때도 여전히 하고 싶은 일은 없었습니다. 전공 수업은 대부분 ppt 자료를 만들어서 발표하는 수업이었고, 팀원들과 놀기 반, 자료 준비 반을 하며 시간을 보냈습니다.

대학교는 조금 더 자유가 주어지죠. 수업에 참석하는 것도 내 의지, 노는 것도 내 의지.
그런데 2학년 때부터는 취업의 압박에 처해진 선배들이 눈에 들어왔습니다. 그 선배들은 아무것도 하지 않는 나를 보며 한심한 눈길을 보냈어요. "그러다 어디 취직이라고 하겠냐? 토익 열심히 공부해, 자격증도 따고, 2학년 때부터 준비를 해야…."

'저 선배들은 하고 싶은 게 있을까? 뭘 위해 아침 8시부터 학교 도서관에서 밤까지 토익 공부를 하는 걸까?' 막상 물어보면 "삼성 들어가야지."라는 말을 제일 많이 들었던 것 같아요.

'삼성? 삼성에 들어가면 뭐가 좋지? 월급을 많이 받아서? 그리고 그다음은?'

여전히 하고 싶은 게 없는 저였습니다. 그렇게 대학교 2학년을 또 적당히 학점 받으며 장학금 받으며 보내고 있었습니다. 공과 대학은 장학금을 많이 줬어요. 학부 성적에 따라 장학금도 주고, 토익 성적 향상에 대한 장학금도 주고.

대학교 3학년이 되자 전공에도 분야가 조금 나뉘긴 했습니다. 산업 공학은 여러 학문을 조금씩 얕게 발만 거치듯이 배우는 게 장점이라고 할까요? 건축 설계, 품질 공학, 신뢰성 공학, 인간 공학 등을 배웠고 복수 전공으로 선택한 산업 정보 공학은 비주얼 베이직 같은 프로그래밍을 배웠습니다.

전 산업 공학과 산업 정보 공학 사이에서 취업의 노선을 정해야 했고, 고민 끝에 산업 공학으로 선택을 했습니다. 품질 공학이 제 전공 중에서 그나마 제일 재미있었고, 6시그마는 굉장히 즐겁게 프로젝트도 해서 선택했던 것 같아요.

그래도 여전히 하고 싶은 건 없었습니다. 4학년은 나이로는 23살이었고 시간은 계속 지나갔어요. 하고 싶은 게 없다고 해서 멈춰 있을 수는 없었어요.
 멈추기 위해선 멈춰야 되는 명분이 있어야 하니까요. 하고 싶은 어떤 것이 있어야 했는데, 전 휴학해서 하고 싶은 것도, 전과를 할 생각도 없었습니다.

 하고 싶은 건 없지만 현재의 상황에서 뭔가 계속 선택해야 했고, 품질 공학으로 노선 결정 후 첫 직장에 이력서를 제출해서 붙었으니 회사로 갔습니다.

 첫 직장에, 이직한 회사에, 39살인 지금, 전 여전히 하고 싶은 일이 없습니다.
 매월 안정적인 월급이 있어야 은행에서 대출도 받고, 내 일이 나에게 있어 중요한 건 분명한데, 지금 하고 있는 이 일이 여전히 하고 싶은 일은 아니에요.

 하고 싶은 일을 찾는다는 건 생각보다 많이 어려운 일인 건 분명합니다.

 39살, 지금도 일상에서 하는 건,
 산책하기, 최애 보이 그룹 노래 듣기, 그들의 영상 보기, 좋아하는 가수 콘서트 가기, 뮤지컬 보기, 맛있는 음식 먹기, 드라이브하기. 이런 사소한 것들입니다.

나를 행복하게 해 주는 것들이지요. 그리고 나를 행복하게 해 주는 건 굉장히 많습니다.

점심 먹고 얼음이 담긴 믹스커피 마시기, 열라면 끓여서 즐기며 먹기, 공원 산책하며 나무와 꽃 보기, 주말에 남편, 딸과 함께 수영 같이 가기, 수영을 끝내고 회전 초밥집에서 초밥 먹기, 일요일 오전에 카페에서 딸과 친구와 같이 책 보기, 잠들기 전 딸을 꼭 껴안아 주며 사랑한다고 말하기.

이런 일들은 하고 나면 마음이 풍족해지고 뭔가 좋은 에너지로 꽉 찼다는 느낌을 많이 받곤 합니다. 전 하고 싶은 일은 없지만 일상에서 행복을 느끼는 건 아주 잘하거든요.

여러분도 하고 싶은 일이 없다고 자신을 재촉하거나, 실망하거나, 비하하지 마세요.

하고 싶은 게 없다고 해서 휴학하거나, 회사를 그만두거나, 공부를 그만하거나, 내 인생을 올 스탑을 할 필요도 없고, 무언가를 하고 있는 그 순간에 문득 하고 싶은 일이 생길 수도 있으니까요.

하고 싶은 일이 없다는 건 열정이 없는 것도, 삶의 의욕이 없는 것도 아닙니다. 나의 시간을 잘 보내고 있다 보면 분명 하고 싶은 일이 생길 수도 있고, 저처럼 40살을 앞에 두고도 하고 싶은 일이 없을 수도 있어요. 확실한 건 하나도 없지만, 매일 우리는 행복할 자격이 있다는 건 분명해요.

전 아직도 하고 싶은 일은 없어요. 대신에 내가 행복해지는 일들을 많이 합니다.

여러분도 본인이 행복해지는 순간을 찾아보세요. 행복한 순간을 찾다 보면 행복해지는 시간이 생기고, 그러다 보면 새로운 무엇인가 나타날지도 모릅니다.

인생 모르잖아요, 60대에 정말 하고 싶은 일이 생길지, 그때를 위해서 내 시간을 헛되게 보내지 말자고요.

옛투컴인부산 시네마

　2023년 2월 2일 어느 추운 겨울날 저녁,
　퇴근하고 딸아이를 학원에서 픽업한 뒤 안전하게 남편에게 바톤 터치한 후 전 CGV로 날아갔습니다. 워킹맘의 덕질은 운전하고 주차하는 시간도 사치죠? 10분 정도 걸리는 거리라 택시를 타고 달려갔어요.

　20:20에 시작하는 옛투컴인부산 시네마

　영화관에서 처음 4DX로 보았는데 exiting 그 자체였습니다. 의자도 덩실덩실 움직이고, 에어도 나오고 진짜 콘서트처럼 안개도 나오고 놀이 기구 타고 콘서트 보는 느낌이었어요. 영화는 몇 달 전에 부산에서 보았던 옛투컴인부산 콘서트 영상을 편집해서 상영한 것이었습니다.

가수의 콘서트 영상을 영화관에서 상영하다니 대단한 일입니다. 아미인 저는 너무 행복했어요.

전 영화 관람에 방해가 되지 않게 아미밤(응원봉)은 켜지 않고 좌로 우로 신나게 흔들었습니다. 어깨, 손목이 좀 시큰거리면 어떻습니까? 어차피 집에서 일해도 똑같이 아픕니다.

콘서트에서 직접 봤을 때 진짜 좋았는데 영화관에서 보니 또 새로웠습니다. 최애 보이 그룹 기획사는 정말 대단합니다. 3층 콘서트 자리에서 무대 볼 때와 무대에서 객석을 볼 때에 느낌이 다르고, 아미밤 색깔 효과를 드론으로 촬영한 영상은 애초에 이렇게 영화로 상영하려고 찍었나 싶더라고요.

영화관에는 약 20명 정도 관람객이 있었고 모두 뿔뿔이 흩어져 앉았습니다. 저처럼 아미밤을 켜지 않고 흔드는 사람, 소리는 나지 않지만 발을 동동 구르는 사람, 손을 뻗어 좌우 마구 흔들어 대며 응원하는 사람 등 다양하게 응원을 했고 소리 없는 아우성이었죠.

코로나는 많은 인명을 앗아 가기도 했지만 코로나로 인해 발전된 것들도 많은 건 분명합니다.

콘서트 시작한 지 얼마 안됐는데 2시간이 거짓말처럼 빠르게 지나갔습니다.

영화관 앞의 조명이 켜지고 "으으" 하는 신음 소리와 함께 사람들이 일어섰습니다. 앉았다 일어날 때 나는 자연스런 소리요. '같은 지역에 사는 아미들이구나, 연락하고 지내자고 할까.'라는 생각도 잠시, 그새 다들 흩어졌어요.

콘서트를 직접 볼 때만큼은 아니지만 은은한 에너지의 여운이 남았습니다. 그때 친한 친구인 "M"에게 DM이 왔어요.

"행복하냐?"
"응, 정말 신나게 풀고 왔어."
"행복했음 됐다."

'행복했음 됐다.'라는 이 말에 모든 게 담겨 있었습니다.

한 번쯤은 퇴근하고, 하루의 공부를 마치고, 나를 지독하게 담금질하는 하루를 보내고 나서 내가 좋아하는 것, 나를 행복하게 하는 것 하나쯤에 시간을 투자하는 것은 어떨까요?

맥주 한 캔, 하이볼 한 잔, 독서, 친구들과 수다 떨며 삼겹살 먹기.

'그 순간의 행복한 기억으로 우리는 또 출근하고, 공부하고, 아이를 키우고, 바쁘게 살아가지 않을까?'라는 생각이 드는 밤입니다.

6 ───────── 난 겨울 먼저,
겨울 봄 여름 가을

I 심은 데 I 났지만 괜찮아

 20대, 30대에 주변인들에 의해 많은 영향을 받은 나였기에 우리 딸의 친구 관계에 대해 진지하게 고민하던 시절이 있었습니다.

 초 1학년이 된 딸은 12월 말 생일이라 한 살을 거저먹고 7살에 입학을 했고 늦은 감이 있는 유치원생 같은 아이였어요. 아직은 자기의 감정을 표현하는 방법이 익숙하지 않고, 갑자기 쉬는 시간에 울거나, 소리를 지르기도 했지요. 아이들은 어릴수록 발달 속도의 차이가 엄청 큽니다.

 또 조용히 있는 것을 좋아하고 학교 미술 시간에 친구들이 자기의 그림을 보러 주변에 모이는 것을 아주 싫어해요. 참관 수업 때 발표하는 모습을 보았는데 마스크 사이로 벌게진 얼굴과 귀가 아주 불타올랐더라고요. 발표할 때 친구들의 두 눈이 자기를 쳐다보는 게 너무 부담스럽고 부끄럽다고 했습니다. 저도 I, 남편도 I 성향을 가졌기 때문에, 조심스레 딸의 MBTI도 I라고 합리적 의심을 해 봅니다.

같은 반 친구들이 놀이터에서 잡기 놀이를 할 때 우리 딸은 땅을 나뭇가지로 파거나, 꽃잎을 따거나, 놀이터에 무릎을 꿇고 고양이 흉내를 내는 놀이를 즐겼습니다. 친구들과 규칙 있는 게임을 하는 것은 좋아하지 않았어요.

또, 게임에 참여하도록 잘 타일러 경찰 놀이를 할 때는 도둑은 하기 싫고, 도둑을 하다가 언제든 아무 말 없이 집에 가고 싶다고 했습니다. '외동이라 그런 걸까? 태어난 기질 때문인 걸까?' 많은 고민을 했습니다.

놀이터에서는 줄넘기를 잘하는 친구, 게임의 룰을 만들고 같이 하자는 친구가 리더 역할을 했습니다. 우리 딸은 줄넘기도 크게 흥미가 없었고, 무엇보다 게임의 룰을 왜 지키는지 모르는 아이였던 것 같아요. 집에서 게임에는 룰이 있고 지켜야 된다는 것을 아무리 설명해도 이해를 못하는 것 같았습니다.

그 당시, '나라도 나서서 친구를 만들어 주자.'라는 모자란 생각을 했어요. 친구 만들기에 대한 도서도 많이 읽었고, 괜찮아 보이는 아이의 엄마와 친해져서 집에도 초대하고, 일 년에 두 번씩 반 모임에 참석도 하고 키즈 카페도 갔습니다.

그렇게 6개월 정도 시간을 보냈어요.

그리고 내 생각에 괜찮아 보이는 친구와 그 엄마를 주말에 집으로 초대한 적이 있었습니다. 우리 집에서 5~6시간 동안 놀았던 적이 있었어요. 아이들 너무 오래 같은 공간에 두면 지루해하죠, 산책도 하고 그림도 그리고 만들기도 하고 음악도 듣고 전 편하게 각자 놀다가 또 같이 놀다가 이런 그림을 원했는데 아이의 친구는 계속 같이 무언가 하기를 원했습니다. 그리고 누군가 꼭 이겨야 끝이 나는 게임을 좋아했어요.

결국 아이 친구는 울면서 집으로 돌아갔습니다. 5~6시간을 잘 놀다가 울면서 집에 가니 전 마음이 무척 안 좋았습니다. 아이 친구 엄마도 그런 기분이었겠죠.

그런데 아이 친구가 집에 가고 나서 우리 딸이 이렇게 말하는 겁니다.

"이제야 갔네. 가서 속이 시원하다."
너무 놀랐어요. "○○아, 친구가 놀다가 갔는데 그런 말 하면 안 돼, 엄마가 일부러 초대했는데."라는 말을 하자 아이는 "엄마가 초대했지. 난 오늘 같이 놀고 싶지 않았어. 난 오늘 돌멩이 집을 만들고 돌멩이랑 놀고 싶었는데 엄마가 마음대로 초대하고는 왜 그래?"

망치로 한 대 쿵 맞은 기분이었습니다. 맞아요. '내가 초대를 한 거

지 내 마음대로 와서 놀라고 했지. 너의 의사와는 상관없이.'

내 조바심이었던 걸까요? 내가 아이 친구의 엄마들과 연락하고 지내서 '인간관계가 단절되지 않았다.'라는 그런 안도감을 느끼기 위해 그랬을까요? 그 뒤로 한 달 정도 많은 생각을 했습니다.

딸아이는 내가 생각했던 것보다 더 친구 관계에 대한 고민 없이 쿨한 상태였고 자신이 하고 싶은 놀이, 시간을 즐겁게 보내는 방법을 아는 것 같았습니다.

'나만 조바심이 났구나, 넌 서서히 성장하고 있구나.' 괜한 걱정을 하고 있던 제 자신을 보며 아이 친구 엄마와의 소통이 크게 필요하지 않다고 느껴졌습니다.

아이 준비물은 학교 종이 앱을 잘 확인하면 되고, 그래도 모르는 건 담임 선생님에게 물어보고, 친구를 사귀는 건 천천히 시간을 두고 아이 스스로 친구를 사귀고자 할 때를 기다리면 되는 일이었어요. 아이 친구의 엄마가 내 친구가 될 수는 없다는 걸 알게 되었습니다.

그래서 가까이 지냈던 엄마와 거리 두기를 했고, 1학년 단톡 방 2개는 방을 나왔습니다. 그리고 아이에게 말했어요.

"○○아, 이제부터 엄마는 네 친구와의 약속을 잡지 않을 거야, 이제부터는 네가 사귀고 싶은 친구, 성향이 잘 맞고 같이 있기만 해도 편하고 깔깔 웃을 수 있는 친구를 찾도록 해. 넌 이제 2학년이지만 앞으로 많은 친구들을 만날 거고, 분명 너와 잘 맞는 친구가 있을 거야. 그때 집으로 초대하고 싶다면 그렇게 해. 대신에 친구와 시간 약속을 잡고 엄마에게도 말해 줘."

아이는 처음에 어리둥절했고 몇 번을 그렇게 해도 되냐 물어보았습니다.

몇 달 뒤, 아이는 자신의 휴대폰으로 친구와 연락을 했고 만나는 약속 시간까지 잡았습니다.
일요일 오후 3시. 전 3시부터 5시까지 노는 건 괜찮다고 했어요.
아이가 직접 연락해서 초대한 새로운 친구는 아이와 잘 맞는 듯했습니다. 각자 테이프로 공도 만들고, 한 명은 의자에 앉아서 슬라임도 하고, 한 명은 침대에 누워서 흔한 남매 책도 보고, 키즈 유튜브를 보며 같이 깔깔대며 웃기도 하고, 방문을 꼭 닫고 비밀 이야기도 했어요.
'따로 또 같이'가 맞는 친구였던 겁니다.
그렇게 2시간을 놀다가 갔고 그 친구와는 때때로 약속을 잡고 놀기도 합니다. 지금도요.

그리고 2학년 중반이 되자 딸아이는 게임의 룰도 인지를 했습니다.
아이들은 저마다 크는 속도가 다른데 엄마인 제가 조바심을 냈던

게 분명했어요. 그때부터 아이는 '머리가 트인다.'라는 표현이 맞을 정도로 다방면에서 튀어 올랐습니다.

사람마다 다름을 받아들이고 특히 아이들은 그 시점을 기다려 줘야 하는 것 같아요. 여러분들도 육아를 하며 조바심이 났던 적이 있나요? 만약 지금이 그런 상황이라면 큰 걱정 안 하셔도 될 것 같습니다. 아이들은 어른들의 생각보다 꾸준히 성장하고 있어요.

'아이 친구 엄마와의 관계에 많은 생각을 하고 신경을 쓰고 내 시간을 할애하는 것보다 내가 좋아하는 것 하나 더 하는 게 더 낫지 않을까?' 하는 생각이 듭니다. 엄마가 행복해야 아이도 행복하니까요.

인생 2회차 아이들

우리 아파트는 5분 거리에 시장이 있고, 병원과 약국이 있고, 수많은 학원이 있고, 초등학교, 남중이 아파트 바로 옆에, 여중은 아파트 안에 학교가 있는 굉장히 특이한 입지 갑인 동네입니다.

15년도 더 된 구축이지만 전 감히 이곳보다 살기 편한 곳은 없다고 생각합니다. 죽기 전까지 평수만 늘려 살고 싶은 곳이에요.

어느 토요일, 감기 기운이 있는 딸과 소아과를 다녀온 뒤 소아과 앞의 포장마차 형태의 분식 포차에 갔습니다. 파란색 플라스틱 의자가 세 개 정도 있고 서서 오뎅도 먹고, 물떡도 먹고 순대도 먹는 그런 곳이요. 그것도 아침 9시 반에 갔습니다.

분식 포차는 할머니가 운영하셨는데 여기 시장을 쭉 둘러보면 '돈

때문에 장사하시는 분들은 아닌 것 같다.'라는 생각을 자주 합니다. 우리 시어머님은 '나이가 들수록 사회에 나오고 몸을 움직여야 늙지 않는다.'라고 하셨어요.

분식 포차 할머니는 떡볶이용 큰 스테인리스 판 2개에 떡볶이를 끓이고 계셨습니다. 떡과 오뎅을 넣고 어묵 국물을 넣고 야채를 넣고 비법의 고추장을 가득 붓고.

그런데 떡볶이 제조 현장보다 더 '시강'이 있었어요. 시선 강탈이라고 하죠.
세상에! 초등학교 3학년? 4학년 정도 되어 보이는 여자아이가 혼자 파란색 플라스틱 의자에 앉아서 '혼순'을 하고 있었던 겁니다. 혼자 순대를 먹는 것도 신기한데 접시에는 순대와 내장이 춤을 추었죠.

허파, 간, 오소리 감투(위)를 소금과 쌈장에 찍어 야무지게 먹는 그 모습이란! 오소리 감투는 저도 잘 못 먹는데 옴쏙옴쏙 먹는 모습을 보고 떡 입이 벌어졌습니다.

그런데, 우리 딸이 그 언니 옆의 플라스틱 의자에 앉더니 빨간 떡볶이를 주문하는 거 아니겠어요?
할머님은 떡볶이는 큰 봉지에 4천 원, 먹고 가는 아이들에겐 휴게소 알 감자통에 담아서 2천 원에 주셨습니다.

그리고 분식 포차 옆에는 식혜를 만들어서 파는 식혜 포차가 있었는데 너무 자연스럽게 식혜도 시키는 겁니다.

식혜는 작은 생수병으로 2천 원, 스타벅스 커피 tall(355ml) 사이즈 컵에 천 원에 팔았어요.

떡볶이와 식혜의 조합은 꿀이죠. 매운 맛이 올라올 때 달달하고 시원한 식혜로 한번 내려 주면.

혼자 순대와 내장을 즐기는 언니와, 혼자 떡볶이와 식혜를 즐기는 우리 딸. 어른들이 포차에서 소주에 우동 먹는 느낌이랄까? 오전부터 포차의 자판 음식을 즐기는 아이들을 보며 좀 기괴하기도 하고 위화감이 들기도 하고, 또 정겹기까지 한 그런 느낌을 받았습니다.

'너네 혹시 인생 2회차 아니니? 아이의 탈을 쓴 어른인 건 아니지?' 머릿속이 요상한 생각으로 차 있는데 아이가 불렀습니다.

"엄마, 엄마도 떡볶이 먹어. 같이 먹자. 나 혼자 다 못 먹어."
"응, 그래. 천천히 같이 먹고 가자."

저도 파란 플라스틱 의자에 앉고 인생 2회차 어린이 대열에 합류했습니다. 시장 떡볶이는 아침 9시 반에 먹어도 맛있네요. 하루하루가 새롭고 신기합니다.

어색한 이 새로움을 즐기는 일도 재미가 쏠쏠하네요.

경력직은 다르네 달라

2023년 5월의 어느 날.

4월부터 한 달 동안 딸아이의 기침 감기가 낫는 듯 안 낫는 듯 약을 달고 살았는데 오늘따라 느낌이 쎄 합니다.

마침 월요일까지 쉬는 황금연휴라 혹시나 모를 입원 상황에 대비하기 위해 금요일 연차를 내고 종합 병원으로 갔습니다. 폐 엑스레이를 찍어 보니 이미 뿌옇게 폐렴이 왔네요.

금, 토, 일, 월 4일 동안 입원하면 나을 것 같다는 생각을 했고 의사 선생님께서는 "초등학교 2학년이니 통원 치료를 해도 됩니다. 하지만 4일 통원 치료하고 낫지 않으면 상태가 더 나빠지니 2주간 입원할 수도 있습니다."라고 하셨습니다.

「Save Me」를 속으로 연신 외쳐 댔으나,「고민보다 go」죠.

무조건 빨리 나아야 됩니다. 입원 수속을 하고 집에 와서 캐리어에 짐을 챙긴 후 병실로 갔습니다. 1인실을 요청했으나 수족구로 1인실은 꽉 찼고 난생처음 6인실에 가게 되었어요. 병실에는 1살, 4살, 5살 동생들이 4명 있었고 우리 딸은 당당하게 들어가 환자복으로 갈아입고 링거를 맞았습니다.

"엄마, 나 일 층에 편의점 갈 거야."

달그락 달그락 링거 거치대를 끌고 편의점에 간 딸은 젤리를 병실에 있는 동생들의 숫자만큼 샀어요. 그리고 병실로 돌아와서 닫힌 커튼을 열고 이렇게 말했습니다.

"똑 똑, 들어가도 되나요? 난 9살이고 오늘 입원했어. 젤리 먹을래?"

동생들의 침대 커튼을 하나씩 열고 인사를 했습니다.

병실의 핵인싸 느낌? 4년 만의 입원이지만 역시 경력직은 다릅니다.

우리 침대는 창문 바로 옆쪽이었어요.

전 혹시나 외풍이 들어오는 벽 쪽일까 봐 긴바지에 긴팔 옷도 챙겨왔죠. 낮엔 너무 덥고 밤엔 스산하면 감기에 걸리니까요. 보호자 침대는 기분 나쁘게 찹찹합니다. 얇은 이불도 필수로 챙기는 센스가 필요하죠. 저 역시 프로 입원러의 간병러니까요.

병실의 아이 엄마들과 이런저런 이야기도 나누고, 저녁밥이 나왔어요. 혹시 아시나요? 환아 밥은 정말 맛이 별로입니다. 흰쌀밥에 맑

은국, 고춧가루가 들어가지 않은 반찬, 물에 탄 듯한 간장 생선조림, 물김치 등이 나옵니다.

뭐, 보호자 밥을 별도로 시켜도 별반 다르지 않아요. 물김치 대신 고춧가루가 든 김치가 나온다는 거밖엔 다른 점이 없습니다. 그리고 병실에 있으면 운동량이 적으니 많이 먹으면 소화가 안 됩니다. 병실의 엄마들은 다 보호자 밥을 추가하지 않고 아이와 반반 나누어 먹었어요.

대부분 프로 입원러였고, 경력이 풍부한 엄마이자 간병러였습니다. 병실 엄마들은 각자 가족들이 전해 준 과일도 십시일반 나눠 먹었어요.

병실에는 5살 손녀를 간병하는 할머니 한 분도 계셨는데 자꾸 "내가 이러고 있을 때가 아닌데, 우리 ○○이 뭐하고 있나." 이러시는 겁니다. 사연을 들어보니 세상에!

늦둥이 딸이 있다는 거예요. 초등학생이고 집에서 할아버지가 딸을 보고 있다고 했습니다. 늦둥이 딸을 챙겨야 되는데 입원한 손녀도 간병해야 하고 호탕하게 웃고는 있지만 얼굴에 복잡한 마음이 나타나시더라고요.

5살 아이 엄마 한 분은 저에게 '도대체 몇 살 때까지 입원하냐?'라고 물었습니다. 전 5살에 마지막 폐렴 입원 후 4년 만에 컴백했다고 했어요. "기관지가 안 좋은 아이들은 커서도 입원을 하는군요."라며 마음을 굳게 먹는 모습이었습니다.

비가 한차례 쏟아지고 병실 내 습도가 높아 에어컨을 잠시 켰습니다. 병실 안은 모두 폐렴에 걸린 아이들이라 에어컨도 마음대로 못 켜고 있었는데 도저히 참을 수 없을 정도에 이른 거죠.

맙소사! 천장에 달린 시스템형 에어컨인데 찬 바람이 우리 침대에 정면으로 내려오네요. 모두 더워서 당장 끄자는 소리는 못하겠는데 이대로 두면 기관지에 안 좋을 거 같고, '잠시 나갔다 올까?' 고민하는 사이 늦둥이 할머님이 우리 침대 커튼을 열고 오셨어요.

"에어컨 바람이 바로 내려 오제? 내가 이걸로 해 줄게."
할머님은 침대에 꼽도록 되어 있는 링거 거치 폴대를 가지고 오셔서 천장 높이 있는 에어컨 날개의 방향을 돌렸습니다.

"우와!" 병실의 엄마들은 다 같이 감탄했어요.
역시 어디로 가나 경력직은 다릅니다. 경력직으로 가득 찬 병실이었어요.

경력직 엄마들은 모두 처음으로 다인실에 입원하는 거라고 했습니다. 아이가 어려서 그 전까지는 1인실만 가다가 이번에 병실이 없어 다인실로 오게 된 거죠. 갑자기 경력직 엄마 한 명이 이렇게 말했습니다.

"어머, 1인실 입원비의 1/7로 병원비가 나오겠는데요?"
모두들 계산해 보더니 짝짝 박수 치며 좋아했어요.

"우리, 이럴 게 아니라 가방 한 개씩 사야 하는 거 아니에요?"
"하하하하."

입원 때문에 갇혀 있어 답답하긴 해도 경력직들은 역시 다르네요. 힘듦을 기쁨으로 승화시키는 능력까지.

오늘도 대한민국의 여러 경력직들에게 힘내라는 응원을 보냅니다. 경력직은 뭔가 달라도 다르니까요.

둘째가 없는 이유

2015년 12월 20일, 날이 바짝 선 어느 추운 겨울밤. 11시쯤. 생리통처럼 미세하게 배가 아파서 병원에 전화를 했습니다.
"배가 생리통처럼 아픈데 지금 병원에 갈까요?"
"산모님, 초산이면 아이가 내려오는데 시간이 많이 걸리니 아침 일찍 병원에 오세요."

조금씩 아프던 배는 밤 12시, 새벽 1시를 지나자 진통의 간격이 짧아졌습니다. 20분에 한 번씩 발끝에서 배까지 큰 뱀이 감는 듯이 쪼여 드는 고통이었고 약 10초 정도 아프고 나면 거짓말처럼 스르르 풀리는 느낌이었어요.

진통의 간격이 점점 짧아지고 8분, 5분마다 거대한 아나콘다가 똬리를 틀고 쪼아 대는 고통에, 새벽 5시에 응급실에 갔습니다. 간호사 선생님께서는 자궁 입구가 2센티 정도 열렸다고 했어요. 이렇게 아픈데 고작 그거 밖에 안 열렸다고? 무서웠습니다. 무통 주사 담당 선생님은 9시에 출근하신다고 했어요. 9시까지 아나콘다와 싸웠습니다. 다행히 9시 반쯤 새우 자세를 하고 무통 주사를 맞으니 거짓말처럼 하나도 아프지 않았어요.

오전 11시까지는 누워서 남편과 농담도 하고 좋았어요. 그런데 11시 이후부터 무통의 효과가 사라졌습니다. 그 후 한 시간 반 정도 진짜 많이 아팠던 것 같아요.
어떤 산모는 소리도 지르고 남편 머리도 뜯는다는데 전 도통 그럴 힘이 없었습니다. 너무 아파서 신음 소리를 내는 것도 사치였어요.
"산모님, 호흡하셔야 됩니다. 정신 잃으시면 안 돼요. 아이가 숨을 못 쉬어요." 간호사 선생님들의 목소리가 정신을 깨웠고 전 산소 마스크를 썼습니다.

'이대로는 안 돼, 수술해 달라고 해야지.'라고 결심한 순간, 전 분만실로 옮겨졌습니다. '이제 마지막이다. 여기서 잘하면 끝난다.' 정신줄을 잡고 있는 힘껏 힘을 주고 2015년 12월 21일, 13시 56분 건강한 딸이 태어났습니다.

"산모님, 우리가 생각했던 것보다 아이가 많이 작아요. 2.46kg이지만 그래도 건강합니다."
의사선생님의 말을 듣고 나서 모든 긴장이 풀렸습니다.

눈물, 콧물, 오줌까지 줄줄 흘렸습니다.
간호사 선생님은 급하게 소변줄을 끼우고 의사 선생님은 회음부를 봉합했습니다.

"산모님, 우리 또 봐야죠."
"검사할 게 또 있나요?"
"아니요, 둘째 낳을 때 또 봐요."

죽다 살아났는데 뭔 둘째? 어이가 없는 건 둘째 문제고 의사 선생님의 머리를 힘없는 주먹으로 쥐어박고 싶었습니다. 그 뒤로도 진료를 받을 때마다 둘째 드립을 하는 의사 선생님을 보며 다짐했어요.
'둘째는 없다.'
지금도 주위 사람들이 "왜 둘째는 안 가져? 둘째 낳아야 서로 안 외롭다."라고 하면 전 그때 그 선생님이 제일 먼저 떠오릅니다. 그리고 이렇게 말해요.
"둘째 낳으니까 그렇게 좋아? 그럼 셋째도 낳고 넷째도 낳아, 난 하나만 충분해!"
이렇게 말을 하면 그 말을 한 사람들은 가만히 있거나 미안하다고 합니다.

아이를 낳든, 안 낳든, 첫째만 낳든, 줄줄이 낳든, 개인의 선택이니 맡겨 두자고요!

내 책상이 항상 깨끗한 이유

20대를 다 보낸 내 첫 직장은 추가 근무를 하면 빵과 우유를 다음 날 책상에 올려 주었고, 5시에 저녁을 먹은 후 8시쯤 책상에 놓인 일명 잔업 빵을 먹는 건 하루의 평범한 루틴 중 하나였습니다.

제품의 승인 문서와 제품들이 자리에 늘 쌓여 있었고, 그 사이에서 내 한 몸 앉아 컴퓨터를 보며 일하는 게 신기할 정도였죠. 잔업 빵과 우유를 먹고 빵 껍질과 우유갑은 슬며시 한쪽 책상에 놔두고 일을 했습니다. 다음 날 치워도 되니깐요.

그렇게 정신없이 눈이 벌게져 가며 일을 하고 11시쯤 몸에서 영혼이 나가듯이 스르르 회사를 나가 운전해서 집에 오곤 했어요. 다음날 아침, 같은 팀의 선배들이 다들 절 보며 "으이구, 잘 좀 하지." 이러는 겁니다.

세상에, 김말이 팀장님이 제 지저분한 책상을 사진 찍어 전체 메일을 돌렸네요. 이런 생각은 대체 어떻게 하는 걸까요?

그때는 사실 부끄러움은 하나도 없었고 '내가 이제는 진짜 정리를 한다.'라는 오기만 가득했었습니다. 김말이 팀장님은 확실히 어떻게 하면 내가 바뀔지 아는 사람 같았고, 그 부분을 잘 찔렀어요. 아주 효과적으로.

전 그 뒤로 항상 책상을 깨끗하게 정리합니다. 퇴근할 때는 항상 퇴사하는 사람처럼 말끔히 정리해요. 지금두요.

"김말이 팀장님, 방법은 다소 무례했지만, 당신은 내 정리 습관에 많은 기여를 했습니다. 그 공로를 높이 인정합니다."

마음의 책장을 넓혀라

전 평소 독서를 좋아합니다. 에세이, 시, 자기 계발서, 소설 등 여러 가지 책을 봐요. 책을 읽으면 복잡한 마음이 누그러지고 편안해지는 것을 느낍니다. 30살 때까지는 책을 많이 보지 않았어요. 학교에서 읽으라는 권장 도서를 읽고 독후감 적는 정도에 그쳤고, 내 스스로 책을 보기 시작한 건 딸을 낳고 난 30대 초반이었습니다.

책을 자주 읽진 않았지만 책이 중요하다는 것은 알고 있었어요.
전 그 당시에 제 고등학교 시절 2명의 친구가 책을 많이 읽고 가지게 된 능력을 보았거든요.
1학년 때 같은 반이었던 "S"라는 친구는 검도를 즐겨 하고 저랑 합기도를 취미로 배우고, 공부에는 관심이 없는 친구였습니다. 지금은 체육과를 나와서 자기 사업을 하고 있죠.
그런데 그 친구는 공부를 하지 않았지만 언어 영역 시험에서 늘 높은 점수를 받았어요.

정말 신기했습니다. 분명 시험은 고려 가요나 시조나 어려운 내용들이 꽤 많은데도 공부를 하지 않고도 시험을 잘 보다니, 언어 쪽으로 머리가 있나 싶었는데 알고 봤더니 그 친구는 아주 어릴 적부터 엄마가 책으로 훈육을 했다고 했습니다. 잘못한 일이 있거나, 집에 늦게 들어오거나, 숙제를 하지 않거나 하면 벌로 책을 보게 했다는 겁니다. 초등학교, 중학교, 고등학교 때도 그 훈육을 계속되었다고 했어요.

처음엔 반항도 하고 "차라리 야단을 치지, 왜 시간이 많이 걸리는 책을 보게 하느냐."라고 따졌는데 책을 읽다 보면 재미가 있고 2편, 3편이 궁금해서 계속 다 읽었다고 했어요. 그렇게 삼국지를 비롯해 여러 책들을 완독했다고 했습니다.

'어릴 적 책을 많이 읽으면 시험의 문맥을 이해하는 게 좀 더 쉽구나.'라는 생각을 했었습니다.

2학년 때 같은 반 친구인 "K"라는 친구는 대부분 수업 시간에는 집중을 했지만 책상 밑으로 만화책을 보기도 했고, 쉬는 시간, 야자 시간에 늘 만화책만 보던 아이였어요. 집에 가서는 학교 공부를 하지 않고 만화책을 본다고 했습니다. 그 친구는 만화광이었어요.

그 친구는 자기 엄마가 서점을 한다고 했어요. 그래서 아주 어릴 적부터 엄마가 일하는 서점에서 서점에 있는 책을 다 봤다 싶을 정도로 많이 읽었다고 했습니다.

친구는 3학년 때, 모의고사 성적에 한번 충격을 먹은 뒤, "이제 공부를 해야지."라고 말했고 집에 가서도 학교 공부를 한다고 했습니다. 나중에 소식을 들어 보니 그 친구는 서울대 수학학과를 입학했더라고요.

출신 대학교가 인생의 전부는 아니죠. 물론 자신의 행복이 제일 중요하다는 생각에는 변함이 없습니다. 하지만, 언제일지 모르지만 내가 하고 싶은 일을 발견했을 때, 꾸준히 성실하게 내 맡은 일들을 하고 있을 때, 책을 많이 읽어 다양한 생각을 하고 판단할 수 있을 때 '하고 싶은 것들을 바로 준비할 수 있는 상태를 만들어 놓아야 한다.'라는 생각에는 변함이 없습니다.

책을 읽다 보면 나와는 맞지 않는 책도 있고, 또 내 상황과 너무 똑같아서 위로 받는 책들도 있고, 스릴 있는 추리 소설도 있고, '똥 같은 소리 하네.'라는 에세이나 자기 계발서들도 있죠.
책은 때때로 고민의 방향성을 알려 주기도 하지만, 살아가면서 현명하게 내 삶을 선택하고, 마음을 단단하게 만들기도 합니다. 그래서 저도 출산하고 나서 많은 책들을 읽고 있고, 이제 딸과 함께하는 독서 시간을 온전히 즐길 수 있어서 아주 행복합니다.

여러분도 책을 한 권 손에 잡아 보세요. 서점에 가서, 도서관에 가서 표지가 마음에 들어서도 괜찮고, 유명한 작가가 써서 고른 책도 좋습니다. 글을 읽다 보면 분명 마음이 꽉 차는 순간들이 있을 겁니다. 사람에게 지친 날, 아무 말 하기 싫은 날, 책과 함께해 보시는 건 어떨까요?

오스카 여우 조연상 다나 엄마

제가 살면서 만난 사람 중 제일 기상천외하게 웃긴 사람이라고 자부할 수 있는 사람이 있는데 바로 딸아이의 친구 엄마입니다. 편의상 다나 엄마라고 할게요. 다나는 우리 딸과 같은 유치원에 다녔는데 같은 아파트에 살아서 놀이터에서 자주 보곤 했습니다.

다나 엄마는 다나 위로 고학년 딸을 두었고, 저보다 4살 많아서 언니 같은 느낌에 육아에 대한 슬기로운 조언을 많이 해 주었어요.

2022년도 여름 방학이 끝날 시점에 아파트 놀이터 의자에 앉아 있는 다나 엄마를 보고 반갑게 인사했는데 표정이 좀 뚱합니다. 넋이 나간 사람 같기도 하고. 무슨 일이 있나 싶어 물어보진 않고 아이들이 노는 모습을 말없이 바라보고 있었어요. 그런데 침묵을 깨고 다나 엄마가 말했습니다.

"자기, 나 오늘 무슨 일 있었는지 아나?"
"무슨 일 있었어요?"
"아니, 있잖아. 오늘 내가…."
이러면서 이야기는 시작되었습니다.

여름 방학, 오전 9시쯤 다나 엄마와 다나가 집 거실에 누워 있었는데 다나 엄마는 너무 더워서 팬티만 입고 있었다고 합니다. 근데 갑자기 쎄 한 느낌이 들어 베란다 쪽을 보니 어떤 중년의 여성이 캡 모자를 쓰고 마스크를 하고 망원경 모양으로 두 손을 동그랗게 말고 베란다 문에 딱 붙어서 자기 집 내부를 쳐다보고 있었다고 했어요. 다나 집은 1층이거든요.

"어머! 누구세요!" 다나 엄마는 소리쳤고 집 안을 보던 괴한은 빠르게 사라졌습니다. 다나 엄마는 괴한을 잡아야겠다 생각해서 소파에 있는 옷을 대충 입고 쫓아갔대요.

한참 쫓아가다 보니 자기 몰골이 말이 아님을 깨닫게 됩니다. 냉장고 바지에 위에 속옷도 안 입고 낚시할 때 입는 주머니가 많은 팔 없는 조끼를 입고 모자를 쓰고 달리고 있었는데, 괴한과 인상착의가 비슷한 아줌마를 보고 가서 덥석 팔을 잡았답니다.

"저기, 아까 우리 집 보던 사람 맞죠?"
다나 엄마는 그 아줌마에게 물었고 그 아줌마는 한참 다나 엄마를 쳐다보더니 어디론가 말없이 다나 엄마를 끌고 갔다고 해요.

아파트 중앙 광장까지 그 아줌마는 다나 엄마를 끌고 갔고 '기면 기다. 아니면 아니다.' 말은 하지 않고 다나 엄마를 이상한 여자 취급을 했다고 했어요.

"안됐다. 정신이 좀 이상한 갑다. 동네 사람들. 여기 좀 보이소."
순식간에 여섯 일곱 명의 사람들이 모였고 다나 엄마는 당황했습니다. 경찰에 연락하고 싶었지만 너무 급하게 나오느라 휴대폰도 못 챙겼다고 했어요.

사람들이 자기를 빙 둘러싸고 지나가던 아저씨 한 분이 결정타를 날렸다고 합니다.
"내 이 여자 많이 봤다이. 이 아파트에 자주 나타나고 정신이 좀 이상하다. 적당히 하고 보내 주쇼. 홀몸도 아닌 것 같은데."

세상에나, 미친년 취급도 어이가 없는데 홀몸이 아니라니요. 순간 정신이 번쩍 들었답니다. 자기 몰골을 보니 미친년처럼 보일 것 같고 가만히 있다가 사람들이 더 모일 것 같았대요. 그래서 다나 엄마는 진짜 미친 척을 했답니다.

허공을 바라보며 초점 없는 눈동자에 멍한 얼굴을 연기했다고 했어요. 그래야 이 상황을 빨리 벗어날 수 있다고 생각했다나.
그 작전은 성공했습니다. 진짜 미친년인 줄 알고 사람들은 다들 피하며 흩어졌거든요.

다나 엄마는 집으로 돌아와 자신에게 일어난 일을 곰곰이 생각했다고 합니다. 그리고 그때 입었던 냉장고 바지와 낚시 조끼는 버려야겠다고 생각했대요.

전 그 이야길 듣고 너무 웃겨서 "설마 마스크까지 안 하고 간 건 아니죠?" 하고 물었습니다. 다나 엄마는 "내가 마스크는 잘 챙겼지, 그거 없었으면 아휴~"

전 그때, 우리 동네 미친년이 된 다나 엄마 덕분에 등에 땀이 흐를 정도로 배 터지게 웃었습니다.

오늘같이 더운 날 저녁엔 다나 엄마가 보고 싶네요. 다나 엄마는 그 미친년 에피소드를 남기고 몇 개월 뒤 미국으로 이민 갔습니다.
미국으로 간 뒤로도 가끔 DM으로 연락을 하는데, 요즘은 다나 엄마도, 다나도 미국 생활 적응기라 많이 힘들다고 했어요. 어서 말도 트이고, 좋은 사람들과 건강한 삶을 즐기도록 항상 응원합니다.

"다나 엄마, 내가 꼭 미국에 놀러 갈게요. 미국에서도 웃긴 에피소드도 많이 만들면서 잘 살고 있어요."

7 ────────────── 그 계절의 기억,
　　　　　　　　　　추억, 행복

꽃을 선물하는 이유

딸이 두 살 때부터 한 달에 두 번 정도 딸에게 주려고 꽃을 삽니다. 그때그때 제철의 싸고 예쁜 꽃을 사요. 만 원, 만 오천 원 정도 가격으로 소박하게 삽니다. 입학 시즌과 졸업 시즌은 피해요. 그때는 꽃값이 엄청 뛰거든요. 장미, 카네이션, 백합, 수국, 데이지, 소국 등 한 송이씩 골라 담아 살 때도 있고 한 단씩 같은 꽃을 사기도 합니다.

비 오는 수요일이 되는 일기 예보를 보면 꼭 노란 장미를 사구요. 봄엔 프리지아를 사서 꽂아 두고 집 안 가득 향기를 맡기도 해요.

딸에게 선물하는 꽃은 별도 포장을 하지 않습니다. 매번 투명 비닐이나 나무색 종이에 둘둘 말아 달라고 해요.
전 화려하게 몇 겹 겹친 비닐 포장에 리본이 크게 달린 포장보다 투박한 투명색 비닐 한 겹에 둘둘 말린 꽃들이 훨씬 더 예뻐 보이더라고요.

꽃을 사 오면 딸에게 건네줍니다. "너 주려고 샀어."

그리고 한 송이는 딸의 방에, 나머지는 소분해서 거실에 둡니다. 쨍한 자연의 색을 보면 확실히 기분이 좋아져요.

꽃은 매일 물병에 물을 갈아 주고 줄기를 조금씩 잘라 주면 꽤 오래 갑니다. 카네이션은 3주 넘게 활짝 피어 있고 장미도 2주 이상은 제 얼굴을 다 보여 줘요. 그런데 프리지아는 일주일도 안 돼서 시들어 버립니다. 사 오고 나서 3일 정도 지났을 때가 가장 예쁘지만, 아쉽게도 금방 시들어요.

그래도 봄마다 프리지아를 사게 되지요.

꽃을 왜 사냐고 누군가 물어본다면 전 이렇게 말합니다. "예뻐. 예뻐서 사. 지금 현재의 아름다움을 보여 주고 싶어서 선물하는 거야."

제일 아름다운 순간을 보여 주고 싶어서 아름다움을 주는 것이라고. 특별한 날에만 꽃을 받는 것이 아니라 '엄마는 항상 날 위해 꽃을 사는구나.'라고 행복한 생각을 하면 좋을 것 같아요.

오늘도 전 빨간 장미 두 송이, 분홍 장미 두 송이, 화이트 장미 1송이를 사서 딸에게 건넵니다.

"너 주려고 샀어. 어때? 예쁘지? 꽃이 꼭 너처럼 곱다."

화사하게 핀 꽃처럼 항상 마음에 좋은 꽃들이 활짝 피었으면 좋겠습니다.

미트파이의 기억

2023년 2월, 우리 가족은 서울에 3박 4일 나들이를 갔습니다. 중요한 일정도 있었고 서울에 간 김에 고등학교 친구도 만났어요. "S"라는 이 친구는 아주 똑 부러집니다. K대 한약과를 졸업해서 약국을 운영했고 자신이 지지라는 정치 정당에 대해 말을 하면 2박 3일은 토론할 수 있는 친구입니다. 지금은 아주 귀여운 아들을 낳아 서울에서 살고 육아를 본업으로 삼고 있어요.

전 서울에서 꼭 가 보고 싶은 '진저베어'라는 곳을 가 보기로 했습니다. 최애 보이 그룹의 S님이 찾았던 맛집이라 서울에 가면 꼭 가 보겠다 결심도 했고, 무엇보다 미트파이가 너무 궁금했거든요. 그날은 꽃샘추위에 강풍이 부는 날이었고 전 오전 11시 전부터 가게 앞에서 웨이팅했어요. 맨 처음 도착해서 칼바람을 정면으로 맞으며 '이렇게까지 해서 먹을 일인가' 현타가 왔지만 월요일인데도 불구하고 사람들은 계속 줄을 섰습니다.

자리에 착석해서 남편과 딸이 먼저 미트파이를 즐겼고, 생각보다 맛있었어요. 고기 잡내 없이 얇은 빵에 가득한 고기들의 양념이 아주 좋았습니다. 그때 "S"에게 아들과 함께 도착했다고 전화가 왔어요.

제 기억의 "S"는 항상 만날 때마다 화려한 큰 귀걸이나 목걸이를 하고, 머리는 길게 풀어헤치고, 미니스커트나 짧은 반바지에 힐을 신고, 제약 회사로 출근할 때는 검정색 정장 치마에 흰색 블라우스, 백팩을 메고 운동화를 신고, 그게 아니면 자전거를 끌고 라이딩 슈트를 입고 나오는 친구였습니다. 책도 4~5권은 동시에 펼쳐 놓고 골라 가면서 독서를 하고, 공부도 자신이 하고 싶은 걸 언제든 확실히 하는 그런 친구죠.

오랜만에 만난 "S"는 머리는 바나나 핀으로 말아 올리고, 화장기 없는 얼굴에, 아이를 안고, 소아과를 다녀와서 진이 다 빠졌다며 유모차를 한 손으로 밀고 있었어요. '진저베어'는 테이블 간 거리가 협소하고 유모차가 실내로 들어올 수 없게 되어 있어 문 옆에 주차를 하고 카페로 들어왔습니다.

"정말 오랜만이다. 잘 지냈어? 뭐 먹을래?"
전 재촉하듯 근황을 물어보았고 "S"는 "아무거나, 나 아무거나 시켜 줘."라고 했습니다. '아무거나? 아무거나'라니요. 항상 자기 메뉴를 정하고 똑 부러진 이 친구 입에서 아무거나, 따뜻한 거. 라는 말이 나왔습니다. 좀 슬펐어요. 육아는 사람을 일시적으로 퇴행하게 만드는 걸까요? 돌도 안 지난 "S"의 아들은 우람했고 전 친구가 한숨 돌리도록 아이를 안고 있었습니다. 친구를 위해 따뜻한 차와 파이 4종류를 시켰고 온전히 너 혼자 먹으라고 했습니다.

지금 제 딸은 9살이라 손이 많이 안 가지만 "S"의 아이를 보니 저의 지난날도 생각이 나고 힘들었던 순간도 막 떠올랐어요. "엄마 좀 쉬자~ 울지 말고 이모한테 안겨 있어~" 보채는 친구 아들에게 말했습니다.
'엄마 좀 쉬자'란 말에 친구의 눈은 반짝반짝거렸고 조금만 더하면 울 것 같았어요.
역시 엄마는 엄마의 마음을 잘 아는가 봅니다.

우리 가족은 진저베어 이후 국립중앙박물관을 갈 일정이었고 약 40분 정도 걸리는 거리였는데 친구가 태워 준다고 했습니다. "택시 타고 가면 돼."라고 했는데 친구는 "이렇게라도 하루를 보내야 해. 하루하루를 시간을 어서 보내야 살 수 있을 것 같아."라고 했습니다. 우리 가족은 "S"가 운전하는 차를 타고 박물관에 도착했어요. 친구의 아들은 카시트에서 코코 잘 잡니다. 친구는 다시 40분 정도 운전해서 집으로 간대요.

운전하는 시간이 휴식인 엄마의 삶. 저도 예전에 애를 태우고 운전을 많이 했던 일이 생각이 났습니다. 애들은 차만 타면 잘 자니까요.

"친구야, 3년 만 더 힘내자. 5살 정도면 사람 형태가 되더라. 그때까지 조금만 더 힘을 내자."

분명 진저베어의 미트파이는 꽤 맛있었는데 그 맛이 기억이 안 납니다. 대신 친구의 송글송글 땀이 맺힌 이마와, 친구의 가방에서 나오던 아이 우유만 생각이 나네요.

영원한 힘듦, 고통의 시간은 우리 곁에 계속 머물지 않으니까 내 친구 "S"의 힘든 시간도, 정신없는 하루도 어서 지나가길 바랍니다.

"친구야, 힘들면 언제든 연락해! 멀리 살아서 네 아들을 안아 줄 순 없지만 네 이야기는 많이 들어 줄 수 있어. 수다만큼 좋은 건 없잖아. 나 서울에 가면 또 연락할게!"

내 인생 최고의 책
-모리와 함께한 화요일

　초등학교 4학년 때부턴가 죽음에 대한 호기심과 두려움이 저를 감쌌습니다. 사춘기가 시작되면서 인간의 죽음에 대한 깊은 고뇌에 빠졌는데 '인간은 죽으면 어떻게 되는 걸까?', '내 생각이 흩어져 버리는 건가?', '내 영혼은 이 세상에 머물러 있는 것인가?', '죽으면 마음은 남아서 공기처럼 떠돌며 내 주변인들을 볼 수 있는 것인가?', '사후 세계는 있는 것인가?', '환생이라는 것은 정말 가능한 일일까?', '죽으면 지옥과 천당이란 곳을 가긴 하는 걸까?'

　호기심보다는 두려움으로 가득 찬 날들이 훨씬 많았고, 밤에 자기 전에 이런 생각에 빠지면 2시간 이상은 잠에 들지 못하는 날도 많았습니다. 어떤 날은 '내가 없어지는 것, 내 생각과 영혼의 부재'가 너무 무서워서 울기도 했습니다.

그때 당시에 부모님이나 친한 친구에게 '인간은 죽으면 어떻게 되는가'에 대한 질문을 했는데 명확한 답을 얻진 못했습니다.

다들 같은 답변을 했어요. "인간은 누구나 죽는다."

맞는 말입니다. 그렇게 밖에 말을 못한 것도 이해는 합니다.

아직 '살아 있는 자'들에게 죽음을 묻고 답을 듣는 건 어려운 일이니까요. 그렇게 답을 얻지 못한 채 시간은 흘렀고 직장인이 된 20대에도 죽음에 대한 의문은 여전히 품은 채 살아가고 있었습니다. 다만 나이가 드니 점점 죽음에 대한 무서운 생각을 능가하는 현실의 무서운 일들, 힘든 일들이 닥쳤고, 약간 무덤덤해졌어요.

하지만 30대에도 '죽음이란 무엇일까?'라는 고민을 계속하게 되었고 '나와 같은 고민을 가진 사람들을 만나 볼까?' 하는 생각에 동호회 같은 곳을 찾아보면 대부분 종교에 가입하라는 말을 할 뿐이었습니다.

그러다 30대 중반, 영어 공부를 하기 위해 원서를 찾아보기 시작했고, 원서 중 바이블로 널리 알려진 몇 개의 책을 구매했습니다. 『The Little Prince』, 『ROALD DAHL』, 『The Notebook』, 『Little Women』, 『Tuesdays with Morrie』 등의 도서들을 읽기 시작했습니다.

제일 처음 『Tuesdays with Morrie』를 읽기 시작했는데, 영어로 되어 있지만 관심 있던 내용이라 빠져들었습니다. 바로 한글판도 구매를 했고, 한글판과 영문판을 번갈아 가며 여러 번 읽었습니다.

미치 앨봄이 루게릭 병에 걸린 모리 교수와 14번의 화요일에 수업을 하는 내용이었고, 죽음과 삶을 연결하는 여정을 그린 책이었는데 읽는 내내 이제껏 제가 궁금해했던 죽음에 대한 의문을 모리 교수가 풀어 주어 너무 신기했습니다.

모리교수는 자신의 죽음이 점점 다가옴을 느꼈음에도 불구하고 '베푸는 삶은 자신이 살아 있다는 것을 느끼게 해 준다.'라고 했습니다.

죽음을 앞두고 있지만 만약 24시간만 건강하게 된다면 "아침에 일어나서 운동을 하고, 롤 케이크와 홍차로 아침을 즐기고, 수영을 하고, 친구들과 맛있는 점심 식사를 하고, 서로 이야기를 나누고, 산책을 가고, 저녁에는 레스토랑에 가서 스파게티를 먹고 싶다."라고 했습니다.

너무 소박한 일상이었고, 오랜 시간 누워서 한 발자국도 움직이지 못하는 중증의 병마와 싸우면서도 너무 평범한 하루를 염원했기에 전 이 부분을 계속 읽었던 것 같아요.

그리고 한참 울었습니다. 가슴 깊이 한 구석에서 이유 모를 화남과 안도감이 느껴지며 20년 이상 가졌던 죽음이란 의문과 죽음을 건강하게 받아들이는 방법에 대해 알게 되었고 '일상의 평범함이 주는 행복이란 이런 것이겠지.'라는 생각도 들어 '다행이다.'라는 생각을 했던 것 같아요.

모리 교수를 힘들게 한 건 대소변을 못 가리는 자신이 아닌, 육체의 죽음이 아닌, 사람들에게 잊히는 것이라고 이 책이 말해 주고 있었어요.

어려운 문제에 대한 어려운 답을 수년간 빙빙 돌며 뜻하지 않은 곳에서 발견했습니다. 영어 원서를 읽기 위해 산 책은 저의 오랜 고민을 해소시켜 주었고 많은 생각이 들게 하였습니다. 그래서 전 이 책이 제 인생에서 가장 의미 있는 책이라고 말할 수 있어요.

사랑하는 사람들에게 둘러싸여 살며, 좋아하는 음식을 먹고, 사랑을 주는 방법과 사랑을 받는 방법을 익히며, 울고 싶을 때는 솔직하게 울고, 타인이 아닌 내 자신을 용서하고, '죽음은 생명이 끝나는 것일 뿐 관계가 끝나는 것은 아니다.'라고 마음에 새기고, '일상을 조금 더 행복한 일로 가득 채우겠다.'라고 다짐을 했습니다.

오늘도 모리와 함께한 화요일로 하루를 위로 받으며 내일의 나를 응원하고 나의 가족, 나의 직장 동료, 나의 친구들과 서로 베푸는 삶을 살며 서로 사랑하며 의지하고 믿을 수 있도록 소망해 봅니다.

소쩍새 기사님의 산딸기

2023년 햇살이 따뜻한 어느 봄날.
전 출근하기 위해 택시를 탔습니다. 평소에는 운전해서 출근하는데 오늘은 남편이 차를 타고 출근했네요.

카카오택시는 정말 편리하죠. 기사님에게 목적지를 말하지 않아도 되고, 내비게이션에 나오는 길로 제대로만 가면 길을 설명해 줄 필요도 없고, 심지어 결제도 연결된 카드에서 자동으로 됩니다. 기사님과의 소통은 인사 두 마디로 끝나기도 해요. 택시 탈 때 "안녕하세요.", 내릴 때 "안녕히 가세요."

전 이런 카카오택시가 썩 마음에 듭니다.
여느 날과 마찬가지로 "안녕하세요."라고 인사를 하고 택시를 탔는데 기사님은 나이가 좀 있으신 할아버지였고 시를 읊듯이 저에게 말을 걸었습니다.

"이 아파트에 들어오니 소쩍새 우는 소리가 들리네. 소쩍새 우는 소리를 들으니 내 어린 날이 기억에 나. 내 어린 날은 동산을 뛰어댕기며 친구들과 놀았는데, 산에 있는 산딸기를 마구 따서 먹었지."

"네?" 전 시를 읊는 기사님에게 되물었고 기사님은 계속 말씀하셨어요.

"소쩍새 우는 소리를 들으니 산딸기가 생각이 나고 난 남자지만 임산부처럼 산딸기가 너무 먹고 싶은 거야. 내가 갑자기 왜 이러는지 모르겠네. 허허."

전 그 말씀이 너무 웃기기도 하고 당황스럽기도 해서 크게 웃었습니다. 택시를 타면 보통 아무 말이 없거나 자기 자식 자랑, 손주 자랑하는 기사님은 봤어도 소쩍새에 산딸기 노래하시는 분은 또 처음 봤거든요.

"여기 근처 ○○시장에 가시면 지금 산딸기 철이라 산딸기가 싸고 굉장히 신선해요. 시장 가셔서 사 드세요. 지금이 제철이라 아주 맛있어요."라고 전 말을 했어요.

기사님은 "아, 그렇나요? 지금이 산딸기 철이구나. 잊고 살았네."

라고 하셨습니다.

회사까지 오는 5~6분 동안 소쩍새에서 산딸기, 산딸기에서 제철 음식, 제철 음식을 먹어야 건강하다. 이런 주제로 계속 이야기를 나눴습니다.

그리고 전 그날 알이 꽉 찬 암 꽃게를 주문했습니다. 소쩍새 기사님처럼 제철 음식으로 우리 가족들과 추억이 될 만한 음식을 먹고 싶었거든요.

그날, 소쩍새 기사님은 어릴 적 동산에서 먹던 그 추억을, 산딸기를 드셨을까요? 가끔 코끝을 스치는 과일 향기에, 꽃향기에, 계절이 바뀌는 향기에 생각지 못했던 어린 시절의 추억이 떠오르기도 하죠. 전 앞으로 봄철에 산딸기를 보면 그때 소쩍새 기사님이 가끔 떠오를 것 같기도 합니다.

기념일에 선물은 없지만

 우린 결혼 9년 차 부부입니다. 결혼 전에 남편은 생일, 100일, 500일, 1주년 등 각종 기념일에 꽃 한 바구니를 사 주고 선물도 줬어요. 저도 남자 친구일 때 남편에게 지갑과 옷을 선물해 주었죠.

 결혼을 하고 난 뒤 서로의 생일 때 주고받던 선물과 꽃은 어디론가 사라져 버렸어요. 대신 우리 딸이 잘 먹는 음식으로 외식을 하거나, 배달 음식을 종류별로 시켜서 푸짐하게 먹습니다. 생일 선물이 딱히 필요가 있나요? 필요한 옷은 필요할 때 사서 입고, 가방은 늘 가지고 다니던 가방이면 충분하고, 맛있는 음식에 생일 케이크면 충분하다고 생각합니다.

 이런 생각을 저나, 남편이 "우리 앞으로 생일 때 이렇게 하자."라고 말은 안 했지만 무언의 협의가 된 상황이었고 전 지금도 이게 편합니다. 결혼을 해서 얻게 된 경제적, 평화적 자유라고 생각해요. 생일 선물에 대한 고민도 없고 많은 돈을 쓰지 않고 그리고 맛있는 밥 한 끼 정도면 기념일을 축하하기에 충분했어요.

생일, 결혼기념일에 맛있는 저녁 한 끼를 먹지만, 기념일 축하는 일주일 전부터 예고합니다.

"다음 주 내 생일이더라.", "다음 주 남편 생일이네, 뭐 맛있는 거 먹을까?" '미리 생일을 알고 있고 챙겨 줄 테니 그날 다른 약속은 잡지 말아라.'라는 의미죠. 당일 서프라이즈 파티 같은 건 절대 없습니다. 우린 바쁘게 사는 현대인이고 사는 게 바빠서 생일을 까먹기도 하겠지만 전 그럴 일이 없도록 달력에 표시하고 일주일 전부터 이야기를 합니다.

가끔 화를 내기도 해요. 이번 여름 제 생일에 퇴근하고 저 보고 케이크를 사 오라고 하더라고요? 시원하게 욕을 쏘아 주고 나면 농담이라고 말하는 남편입니다. 저랑 아주 잘 맞아요.

나와 잘 맞는 친구로 변해 버린 남편이지만 고민을 나누고 서로 힘든 부분은 시원하게 긁어 주고, 같이 미래를 설계하고 사랑스러운 아이를 키우는 지금이 많이 행복합니다.

매일 음식물 쓰레기를 버리고 때 되면 분리수거를 하고 시장에서 과일도 사 오고, 저녁 산책 가는 남편에게 오늘도 내일도 백년해로 하자고 말하고 싶네요.

인생은 별밤지기 사진작가님처럼

코로나가 잠잠해진 2023년 3월의 어느 날, 우리 가족은 사이판으로 여행을 갔습니다.

지독한 코로나와 코로나보다 더 지독했던 딸아이의 폐렴기를 지나, 세 식구가 함께하는 첫 해외여행이었죠. 어른인 저도 오랜만의 해외여행이라 너무 들떴고요. 선크림도 뚫어 버릴 햇빛과 머리 위 구름과 하늘을 보며 휴식하는 시간을 가졌습니다.

여행에 마나가하섬으로 들어가는 일정이 있었는데 배 타는 곳까지 데려다주시는 기사님과 함께 봉고차를 타고 갔어요. 기사님은 한국에서 많이 보는 카카오택시 기사님과 비슷합니다.

"안녕하세요, ○○○입니다. 가시는 곳까지 걸리는 시간은 몇 분이 소요되고…."

무미건조하게 하기 싫은 이야길 어쩔 수 없이 한다는 식으로 안내

멘트를 하셨어요. 뭐 상관없습니다.

제가 할 일은 여행 와서 즐기는 것이니까요. 그렇게 기사님과 인사를 하고 멋진 일정을 보내고 다시 숙소로 왔습니다. 저녁 8시쯤 사이판에서 별 보는 게 엄청 유명하다고 해서 별을 보러 가는 일정을 예약했어요. 별 보는 곳까지 픽업하시는 기사님이 오셨고, 별 사진을 전문으로 찍어 주시는 작가님도 오셨어요. 별밤지기 작가님으로, 발랄하고 활기로 가득 찬, 에너지 그 자체였어요.

중년의 남성분이셨고, 쏟아지는 별을 배경으로 먼저 사진을 두 장 찍어 주신 뒤 자리를 이동해서 돗자리를 펼치고, 맥주 한 캔을 주셨습니다. 별은 맥주를 마시며 보는 게 최고라고 하셨어요.

맥주는 사비를 들여 제공하는 것이고, 별을 보러 오는 사람들이 모두 자기와 같이 별을 보며 행복한 생각을 했으면 좋겠다고 하시더라고요.

오리온자리, 금성, 북두칠성 등 다양한 별자리 이야기를 30분 넘게 들려주셨고, 숙소로 오는 내내 별에 관한 이야기를 쉼 없이 하셨습니다. 천문학자 아버지가 두 딸을 데리고 별을 보러 와서 본인이 진땀을 뺐다는 이야기, 별의 탄생에 대한 이야기, 자기가 왜 별을 좋아하는지, 이 일을 얼마만큼 즐기고 있는지에 대해 설명해 주셨고, 듣는 내내 저도 기분이 좋아졌어요. 사람이 가진 밝은, 긍정적인 에너지는 받는 사람도 항상 기분이 좋은 것 같아요. 별밤지기 작가님의 이야길 듣다 보니 금방 숙소에 도착했고, 정말 감사하다고 인사를 하고 들어가는 순간, 별밤지기 작가님이 이렇게 물었습니다.

"저, 아까 낮에 봤었는데 기억 안 나시죠?"

"네? 언제? 아!!!"

스치듯 얼굴이 기억났습니다. 낮에 만났던 무미건조한 한국의 카카오택시 기사님!!!

세상에, 같은 인물이라고 누가 믿을까요. 저렇게 초롱초롱한 눈으로 별에 대한 많은 이야길 하신 분이 낮의 무미건조한 기사님과 동일 인물이라니.

"저인 줄 모를 것 같아서 말했는데 역시 모르는군요."

"진짜 다른 사람인 줄 알았어요. 대박."

놀란 표정으로 대답하는 저를 보고 별밤지기 작가님은 빙그레 웃었습니다.

하고 싶은 일을 하고 산다는 건 저런 얼굴과 표정일까요? 행복과 보람으로 가득 찬 별밤지기 작가님의 에너지가 숙소에 들어와서도 계속 생각이 나더라고요.

그리고 얼마 뒤 "띠링" 하는 소리와 함께 카톡으로 사진이 전송됐습니다.

별밤지기 작가님이 찍어 주신 별과 함께 찍은 가족사진 2장이었습니다. 예쁘게 찍어 주셔서 감사하다고 답장을 하고 쉬고 있었는데 한 30분 지나자 다시 "띠링" 하는 카톡 소리가 납니다.

"엄청난 일이에요, 2장 사진 중 한 장에 별똥별이 2개나 찍혔어요. 좋은 일 가득 생길 겁니다. 이런 경우는 진짜 흔하지 않은데 저도 놀라서 몇 번을 봤다니까요. 진짜 행운이세요!"라고 별밤지기 작가님은 마치 자신의 일인 양 흥분하며 말씀하셨어요. 그리고 별똥별의 위

치를 알려 주기까지 하셨습니다. 우리 눈에는 그저 빛이 퍼진 것처럼 보이는데 그게 별똥별이 떨어질 때 그렇게 찍힌다고 하셨어요.

우리 사진이지만, '너무 좋겠다. 행운이다. 좋은 일 가득할 거다.'라는 말을 쉼 없이 하시는 별밤지기 작가님의 메시지를 보니 '정말 좋아하는 일을 하시는구나.', '단순히 사람들의 사진을 찍고 주는 일에 그치지 않고, 찍었던 사진을 다시 보고 즐기는구나.'라는 생각이 들었습니다.

별밤지기 작가님이 한국에서 어떤 일을 하시다가 사이판에 정착해서 별을 좋아하게 되었는지, 왜 별 사진을 찍는지는 중요하지 않았어요. 제 눈에는 본인이 가장 행복해하는 일이 무엇인지 알고 빛나는 그 에너지가, 초롱초롱 빛나는 그 두 눈이 꼭 하늘의 반짝이는 별처럼 느껴졌거든요.

행복한 일을 해서 그 일이 좋아지는 걸까요? 좋아하는 일을 해서 행복해지는 걸까요?

전 아직 잘 모르겠습니다. 여전히 하고 싶은 일은 떠오르지 않거든요. 대신에 내가 행복해지는 방법은 많이 알고 있으니 내가 좋아하는 일상의 소소함을, 행복을 계속 느껴 보기로 했어요.

산책하기, 점심 먹고 아이스 믹스커피 타 먹기, 운전할 때 최애 보이 그룹 노래 듣기, 녹차 아이스크림 먹기, 가족들과 수영장 가기, 햇살 좋은 날 거실에 누워 햇빛을 쬐며 음악 듣기, 친구와 딸과 함께 주말 독서 모임 하기.

그리고 앞으로 하고 싶은 것들도 많아요. 11월에 예정된 위 내시경 검사 후 이상이 없다면 맥주 마시기, 삼겹살에 소주 한잔 하기, 그리고 선선한 가을날 시티 버스 타고 혼자 시내 투어하기.

하고 싶은 일이 없다면, 생각나지 않는다면, 멈춰 있지 말고, 위축되지 말고, 자신을 책망하지 말고, 우선 내가 행복해지는 일을 하나씩 해 보는 건 어떨까요? 그러다 보면 행복해지는 일상의 일들이, 내가 좋아하는 일이 될 수도 있고, 좋아하는 일이 내가 잘하는 일이 될 수 있으니까요. 시간이 지나 나중에는 "내가 좋아하는 일인데 앞으로 계속하고 싶은 일이기도 하고 난 이 일을 하면 행복을 느껴."라고 말할 수 있지 않을까요?

20대의 나도, 30대의 나도, 40대를 앞둔 나도, 나를 잃어버리지 않고 나라는 존재를 존재 자체로 빛이 난다고 생각했으면 좋겠습니다.
공부를 하고, 직장을 다니고, 아이를 키우고, 집안일을 하고, 그런 역할에 나의 하루의 많은 시간을 쓰는 건 사실이지만 그 역할이 100% '나'는 아님을 우리는 늘 잊고 사는 것 같습니다.

40대를 앞두고 있는 39살의 지금, 전 이 글을 적으며 20대의 제가 했던 많은 일들, 나의 생각들이 저의 30대를 지탱해 주었고, 30대의 10년이란 시간이 또 나의 40대를 단단하게 지탱해 주리라 믿어 의

심치 않습니다. 그렇기 때문에 나의 40대, 나의 50대, 나의 60대, 나의 70대, 나의 100살이 너무 기대됩니다. 미래가 기대되지 않으면 죽은 것과 같다는 글을 어디선가 본 적이 있어요. 내 삶에서 '나'를 지우지 말고 '나'를 제일 귀하게 여기고 내가 좋아하는 것들을 즐기며 행복을 느끼는 삶을 주체적으로 살아가시기를 바랍니다.

별밤지기 작가님의 반짝반짝 빛나는 그 눈빛과 생생한 에너지 덕분에 많은 생각을 했던 사이판의 밤이었고, 작가님의 좋은 말씀대로 좋은 일이 많이 생기기를 바라며, 이 글을 마칩니다.

제 부족한 글을 읽어 주신 고마운 분들께도
항상 행복한 일이 가득하기를 바랍니다.
감사합니다.